金融统计与分析

中国人民银行调查统计司　编

中国金融出版社

责任编辑：贾　真
责任校对：张志文
责任印制：程　颖

图书在版编目(CIP) 数据

金融统计与分析(Jinrong Tongji yu Fenxi) （2015.03）/中国人民银行调查
统计司编.—北京：中国金融出版社，2015.3

ISBN 978-7-5049-7904-9

Ⅰ.①金… Ⅱ.①中… Ⅲ.①金融—统计分析—研究报告—中国—2015

Ⅳ.①F832

中国版本图书馆 CIP 数据核字（2015）第 059939 号

出版
　　　　中国金融出版社
发行

社址　　北京市丰台区益泽路 2 号
市场开发部　（010）63266347，63805472，63439533（传真）
网 上 书 店　http：//www.chinafph.com
　　　　　　（010）63286832，63365686（传真）
读者服务部　（010）66070833，62568380
邮编　100071
经销　新华书店
印刷　北京市松源印刷有限公司
装订　平阳装订厂
尺寸　185 毫米×260 毫米
印张　8.5
字数　156 千
版次　2015 年 3 月第 1 版
印次　2015 年 3 月第 1 次印刷
定价　30.00 元
ISBN 978-7-5049-7904-9/F.7464
如出现印装错误本社负责调换　　联系电话（010）63263947

目录

FINANCIAL STATISTICS AND ANALYSIS

CONTENTS

目录

FINANCIAL STATISTICS AND ANALYSIS

CONTENTS

2015 年信贷风险将进一步暴露

中国人民银行调查统计司经济分析处

2014 年以来，随着经济增速放缓，金融机构前期隐藏的风险逐渐显现。全国银行业信贷资产质量向下迁移，金融风险防控压力持续增大。调研中金融机构反映，目前银行实际的风险状况比不良贷款率显示的水平还要差。信贷风险沿供应链、担保链由小微企业向部分大中型企业扩散，由某些特定行业、区域蔓延至更多的行业、区域；民间融资风险暴露加大银行信贷资产质量下行压力；商业银行信贷政策趋同进一步放大信用风险。预计 2015 年信贷风险将进一步上升，信贷领域的风险可能蔓延至其他非传统的投融资领域，金融生态和社会信用环境存在进一步恶化的趋势。

一、金融机构实际风险状况较差，房地产信托风险凸显

金融机构反映目前银行的实际风险状况比不良贷款率显示的水平还要差。一是部分贷款出现债务人已经跑路等导致实际损失，但由于未满足"3 个月无法还本付息"的条件而未计入不良贷款。二是受监管和财务公告等外部治理压力的影响，金融机构倾向于在信贷资产还未迁徙到不良类之前，对其进行打包转让，资产损益部分利用其净利润进行抵扣。三是 2013 年财政部发布《金融企业呆账核销管理办法》，进一步放宽了金融企业不良贷款核销的标准，使得各银行对已计入不良的资产处置速度加快，核销呆账现象在季度末尤为明显。这种处置不良资产的方式在短期内可以有效改善监管指标，但长期会面临很大的利润压力，不具有可持续性。如果 2015 年风险状况没有一定的改善，预计不良贷款率还将上升。此外，由于地方政府干预及通过续贷掩盖不良贷款真实状况的需要，部分正常类贷款实际上已经劣变为不良贷款。

随着同业合作的通道类业务规模快速上升，信托公司与金融机构合作的房地产信托资产风险也日益凸显。重庆营业管理部牵头对全国 30 家信托公司的调查显示，截至 2014 年 9 月末，在 30 家

表　与金融机构合作的房地产风险信托资产情况　　　　　（单位：亿元、%）

	风险资产	关注类	次级类	银行	
				余额	占比
2012 年 12 月末	7.05	4.2	2.85	2	28.38
2013 年 9 月末	6.98	6.2	0.78	4	57.34
2013 年 12 月末	16.17	15.4	0.78	15.4	95.20
2014 年 9 月末	36.37	23.62	12.75	24.1	66.26

信托公司与金融机构合作的房地产信托项目中，风险资产规模为 36.37 亿元，分别为 2013 年同期和 2013 年末的 5.21 倍和 2.25 倍。其中，关注类为 23.62 亿元，分别为 2013 年同期和 2013 年末的 3.81 倍和 1.53 倍；次级类为 12.75 亿元，均为 2013 年同期和 2013 年末的 16.42 倍（见表）。与金融机构合作的房地产风险信托资产余额呈大幅上升之势，其中，银行业占比偏高。截至 9 月末，与银行合作房地产风险信托资产余额为 24.1 亿元，占比为 66.26%。其中，关注类为 12.7 亿元，占比为 53.76%；次级类为 11.4 亿元，占比为 89.43%，且 2013 年同期与 2013 年末均无次级类资产。

二、多因素导致当前信贷风险上升

一是小微企业不良贷款快速上升，下一阶段小微企业不良暴露压力仍很大。近年来，部分金融机构提高对小微企业不良贷款容忍度，加大对小微企业的支持力度，但由于小微企业受市场波动影响大、抗风险能力弱，贷款较易产生不良，部分银行预计后阶段小微企业风险可能有进一步加大的趋势。比如截至 11 月末，湖南省 23 家有小微企业贷款业务的银行中，15 家银行小微企业不良贷款余额、不良率出现"双升"，有 8 家的小微企业不良贷款占该行 2014 年全部新增不良贷款的 50% 以上。光大银行长沙分行目前已暴露出的不良贷款中 90% 源自小微企业，且几乎 100% 与民间借贷有关。1~11 月，广东省中型、小型企业不良贷款比年初分别增加 116 亿元和 74 亿元，占企业不良贷款增量的比重分别为 55.7% 和 35.4%。

二是不良贷款暴露有沿供应链、担保链由小微企业向部分大中型企业扩散的态势。担保与联保类贷款出险不断显现，个体风险通过信用担保链条传播蔓延。2014 年 1~11 月，山东省银行机构累计报告单户 1000 万元以上的大额不良贷款 1242 笔、456.58 亿元，同比分别增长 200.73% 和 383.31%。其中，单笔 1 亿元以上的大额不良贷款 71 笔、204.01 亿元，同比分别增长 343.75% 和 694.74%。目前已暴露风险的大企业均存在复杂的担保关系。如滨州博兴"天宏新能源"涉及的主要担保企业都是滨州支柱企业，且与淄博大兴集团等市外较多大型企业存在担保关系，风险处置涉及跨地市协调；淄博金顺达集团融资 68.9 亿元，为其担保的北金集团、西召集团、清源集团等都是淄博重要支柱企业，整个担保圈内企业融资金额在 200 亿元以上。合肥中心支行数据显示，截至 2014 年 9 月末，境内大型、中型、小型、微型企业逾期贷款余额分别较年初增长 75.3%、126.4%、107.9%、42.4%，前三个季度四类企业新增逾期贷款占比分别为 3.6%、43.5%、50.7%、2.2%。上市公司皖江物流的全资子公司淮矿物流出现债务逾期和重大坏账风险，向法院申请重整，涉及 19 家银行金融类债务总额达 127.2 亿元。由于大中型企业贷款体量大于小微企业，一旦产生不良，对银行的影响更大。

三是过桥贷款掩盖真实信贷风险，民间融资风险爆发进一步加大银行信贷资产质量下行压力。部分地方政府出资设立转贷基金，对经营困难企业提供周转资金用以还旧借新，同时要求银行加大信贷支持力度。还有不少企业在银行贷款到期但无力偿还时，在银行承诺旧贷款还清后发放新贷款的前提下，向小额贷款公司和典当行寻求过桥贷款以还旧借新，期限多在 5 天以内。该项业务具有单笔金额大、期限短、利率高、隐蔽性强等特点，掩盖了银行贷款的真实风险。一旦银行贷款出现变数，企业资金链断裂，就有可能触发民间融资风险，产生连锁反应。

四季度以来，部分地区企业民间融资风险加剧暴露，引起银行不良贷款快速增加。据部分银行反映，当前已形成的企业不良贷款中大部分涉及民间借贷。招商银行长沙分行反映，娄底某汽车销售公司、湖南友文食品公司由于涉及民间融资已形成不良贷款 1.1 亿元（占目前该行新增对公不良贷款的 22.8%）；农业发展银行邵阳市分行贷款客户中有 17 家企业涉及民间融资，涉及贷款金额 13.38 亿元，其中一部分可能形成不良。

四是商业银行信贷政策趋同进一步放大信用风险。在经济上行期，银行一哄而上，竞相给企业授信，互相攀比授信额度，授信越垒越大，相互恶性竞争导致企业负债过度，风险加大；而到了经济下行期，银行又一致调整信贷结构，一哄而散，竞相对产能过剩和重点风险客户压贷、抽贷，导致风险爆发。

五是信用卡风险苗头有所显现，下一阶段风险可能有所加剧。部分银行在当前贷款客户拓展困难的情况下，加大信用卡业务营销力度，如光大银行总行将信用卡业务权限下放至各一级分行。随着竞争的加剧，部分银行信用卡审批门槛有所降低，一些不完全符合发卡要求的客户群体或不具备大额信用的客户群体持有多张大额信用卡，在当前经济下行压力加大，小微企业贷款难度加大背景下，部分企业主通过信用卡透支、套现等行为进行短期融资，由此引发的潜在风险不容忽视。如农业银行湖南省分行 1~11 月信用卡透支不良余额 2.89 亿元中，50% 是 2014 年新增的，信用卡不良率为 2.87%，比年初提高 1.47 个百分点；中国银行岳阳市分行信用卡应收账款由往年1000万元的水平增加至2014年的5000万元左右。

三、预计2015年信贷风险进一步暴露

考虑到时至年关，由于银行年度考核等原因，大部分风险贷款可能会采取缓释措施，将风险暴露延迟到2015年。预计2015年信贷风险将进一步暴露，且呈现以下三方面特征：

一是受担保圈（链）、隐性关联等因素影响，不良贷款将由某些特定行业、区域蔓延至更多的行业、区域。

二是受信贷行业政策管控等因素影响，部分资金通过非信贷渠道流向了政府投融资平台、房地产和部分产能过剩行业，在金融风险加速暴露、表外业务有所收缩的情况下，信贷领域的风险可能扩散至其他非传统的投融资领域。

三是金融生态和社会信用环境存在进一步恶化的趋势。据银行反映，部分企业担心还贷后银行不予续贷，在偿还银行到期贷款之前，普遍要求银行提供续贷审批文书或加盖银行公章和行长签字的续贷承诺书，否则不予还贷。也有部分被担保企业出现风险时，其他担保企业在知道无力代偿后，也不再履行其自身正常还款义务，这些均造成了社会信用环境的进一步恶化。随着部分地区风险事件集中爆发，各银行总行可能会采取更加审慎的信贷政策，势必会进一步加剧该地区部分企业的资金紧张状况，对区域金融生态环境产生更加不利的影响。

预计 2015 年企业仍处于存货收缩期，PPI 继续下行

中国人民银行调查统计司景气调查处

人民银行利用 2000~2014 年调查统计司监测的 5000 户工业企业存货财务数据，对当前企业存货及 PPI 状况进行初步分析。结果显示如下：

1. 我国工业企业有较明显的存货周期[①]，2000~2014 年，中国工业企业经历了 4 个完整的存货周期。平均每个周期 35 个月，其中扩张期平均 18 个月，收缩期平均 17 个月。

2. 2014 年 8 月以来，工业企业处于 2000 年以来的第五个存货周期的收缩期。从目前的发展状况看，预计 2015 年企业仍处于存货周期的收缩期，并有望于 2015 年末达到谷底，从 2016 年初开始逐步回升。

3. 分行业看，目前未见能明显引领全工业发展的龙头行业。虽然通讯设备制造业存货从 2012 年 7 月的谷底回升、至今处于存货扩张期，但是难以带动全行业的扩张。

4. 2015 年，PPI 受周期性因素和趋势性因素共同影响，将继续加快下行。

一、预计 2015 年工业企业处于存货收缩期

工业企业有明显的存货周期。自 2000 年 1 月至 2014 年 12 月，5000 户工业企业存货金额从 5637 亿元快速上涨至 3.1 万亿元，年均增长 12.1%。这 15 年间，工业企业经历了 4 个完整的存货周期[②]（见图 1）。以谷底为起始点计算，工业企业存货的第一个周期自 2000 年 6 月至 2002 年 10 月，历时 28 个月。第二个

[①] 存货周期用来描述经济活动中的短期波动，这种波动与企业存货密切相关。一般认为，经济景气状况到达顶峰时，企业会以经济繁荣时的销售量进行存货投资，而实际发货已经开始减少，故企业存货会在意料之外增加。当经济景气状况到达谷底时，企业会以经济萧条时的销售量进行存货投资，而实际发货已经开始增加，故企业存货会在意料之外减少。

[②] 首先，将工业企业存货增速作 X12 季节调整，剔除季节因素和不规则因素，得到趋势周期项。而后，对趋势周期项做 HP 滤波，剔除趋势项，得到周期项。周期项反映存货的循环周期。

表 1   工业企业存货增长周期的转折点

存活增长周期		阶段（月数）	
谷	峰	扩张	收缩
2000 年 6 月	2001 年 9 月	15	13
2002 年 10 月	2004 年 10 月	15	19
2006 年 5 月	2008 年 8 月	27	12
2009 年 8 月	2010 年 7 月	11	28
2012 年 11 月	2014 年 7 月	19	
平均		17.4	18

数据来源：人民银行调查统计司。

周期自 2002 年 10 月开始至 2006 年 5 月，历时 34 个月。第三个周期自 2006 年 5 月至 2009 年 8 月，历时 39 个月。第四个周期自 2009 年 8 月至 2012 年 11 月，历时 39 个月。平均每个存货周期历时 35 个月，其中，扩张期为 17.4 个月，收缩期为 18 个月。

企业已连续 7 个月收缩存货，预计 2015 年企业仍处于存货收缩期。2012 年 11 月后，我国工业企业进入了 2000 年以来的第五轮存货周期。其中，2012 年 11 月至 2014 年 7 月，为存货扩张期，历时 19 个月。2014 年 8 月以来，企业处于存货收缩期。若按照最低的 12 个月的收缩期（2008 年 9 月至 2009 年 8 月）估算，预计企业在 2015 年上半年均处于存货收缩期内。若按照最长 28 个月的收缩期（2010 年 8 月至 2012 年 11 月）估算，预计企业在 2016 年 10 月前均处于存货收缩期。若按照 18 个月的平均收缩期计算，预计企业在 2015 年的各个月份均处于存货收缩期内。

原材料存货周期领先于商品库存，目前原材料存货周期下行，企业存货周期未见转向迹象。当月原材料库存与下月商品库存的周期循环项相关度达 83.2%。本轮存货周期中，原材料存货在 2014 年 1 月先到达波峰。目前原材料存货还处于周期性下行阶段，企业存货周期未见转向迹象。

总体来看，2015 年我国经济增长压力与经济结构调整压力并存，国家不会实施像 2009 年一样的宏观经济刺激政策，本

图 1   工业企业存货周期

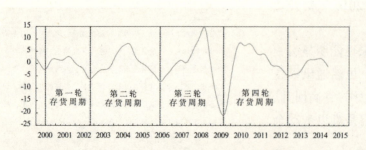

数据来源：人民银行调查统计司。

轮存货收缩期应比较接近于 2000 年以来的平均水平。预计企业在 2015 年仍然处于存货收缩期，生产经营压力较大，有望于 2016 年起从谷底回升。

二、目前未见能明显引领全工业发展的龙头行业

（一）工业企业各行业存货周期有明显的先后顺序

分行业看，存货较多的行业为，食品饮料和烟酒业（16.8%）、黑色金属冶炼及压延业（12.9%）、交通运输设备制造业（10.6%）、机械设备制造业（10.2%）、煤炭采选业（8%）、有色金属冶炼及压延业（6.8%）、电子通讯设备制造业（6%）。重点分析这些行业，能更好地发现我国工业企业存货周期的传导特征。

与工业整体的存货周期相比，各行业存货周期有明显的先后顺序。从时差相关系数看，煤炭采选业库存滞后于工业企业库存 4 个月，时差相关系数为62.5%；机械设备制造业库存滞后于工业企业库存 4 个月，时差相关系数为 89%。有色金属冶炼及压延业库存领先工业企业库存 4 个月，时差相关系数为 72.9%；电子通讯设备制造业库存领先工业企业库存 4 个月，时差相关系数为 74.3%。交通运输设备制造业、黑色金属冶炼及压延业库存与全工业企业库存周期基本同步。食品饮料和烟酒业库存波动较小，与工业企业库存相关度低。

从波峰波谷出现的月份（见表 2）看，黑色金属冶炼及压延业与全行业存货周期基本一致，二者几乎都在同月达

表 2　各行业存货波峰波谷日期

			波	谷			
全行业	煤炭采选（滞后）	有色金属（先行）	电子通讯设备（先行）	交通运输设备（先先行，再滞后）	机械设备（滞后）	黑色金属（一致）
2000年6月	2001年6月	—		2000年5月	2001年1月	2000年6月
2002年10月	2004年4月	2003年3月	2002年6月	2002年6月	2002年10月	2003年7月
2006年5月	2007年8月	2005年7月	2005年11月	2006年8月	2006年10月	2006年5月
2009年8月	2009年11月	2009年5月	2009年4月	2009年8月	2010年1月	2009年8月
2012年11月	2013年2月	2011年12月	2012年7月	2013年1月	2013年3月	2012年11月

			波	峰			
全行业	煤炭采选（滞后）	有色金属（先行）	电子通讯设备（先行）	交通运输设备（先先行，再滞后）	机械设备（滞后）	黑色金属（一致）
2001年9月	2002年7月		2001年4月	2000年10月	2001年11月	2001年8月
2004年10月	2005年2月	2004年6月	2004年3月	2004年7月	2004年6月	2004年5月
2008年8月	2008年11月	2006年10月	2007年5月	2008年8月	2008年12月	2008年8月
2010年7月	2010年7月	2010年5月	2010年4月	2011年2月	2011年2月	2010年7月
2014年7月	2014年1月	2012年11月		2014年9月	2014年9月	2014年1月

到波峰波谷。煤炭采选业、机械设备制造业的存货波峰波谷的出现时间均比全行业晚。电子通讯设备制造业、有色金属冶炼及压延业存货的波峰波谷出现时间比全行业早。2008年前，交通运输设备制造业存货的波峰波谷出现时间早于全行业，从2009年开始，交通运输设备制造业存货的波峰波谷出现时间与全行业同步或者滞后。

（二）交通运输设备制造业、电子通讯设备制造业曾引领全行业的存货周期

从历史情况看，企业要进入存货扩张期，龙头行业不可或缺。以下说明我国历史上的行业周期轮动情况。

1. 以电子通讯设备制造业、交通运输设备制造业（2008年前）等新兴产业兴起，终端需求扩大，这些行业先扩大生产并扩张存货，存货周期波峰先行达到。

2. 机械设备制造业产品需求随之扩大，生产扩张。由于机械设备制造业生产周期较长，在销售扩大同时，存货不能相应增长，甚至被动收缩。比如自2000年6月至2001年9月，全行业存货周期从谷底上升到顶峰，全行业产销率从99.35%下降至97.0%，而机械设备制造业产销率从91%上升至91.8%。说明这一期间，工业全行业销售速度比产出速度慢，而机械设备制造业销售速度比产出速度快。

3. 机械设备生产扩大后，社会扩大对钢铁为代表的中游企业产品需求[1]。钢铁业产能较大，其扩大生产后，不仅能满足设备制造业的需求，还能进行存货投资。钢铁业存货开始扩张周期，从相关性看，钢铁业代表了全行业的存货周期。

4. 钢铁业存货扩张后，社会扩大对煤炭等上游企业产品需求[2]。一般而言，煤炭业满足其他产业需求的同时，还会扩大存货投资。随着机械设备制造业产能扩大，机械设备制造业存货也逐渐达到波峰。

整体来看，交通运输设备制造业在2008年前曾经是工业景气的龙头行业，随后带动了钢铁、机械设备制造业的繁荣。交通运输制造业经过一段时间发展后，产能积聚，从2009年开始其存货周期成为其他行业存货周期的滞后指标，不再引领全工业的发展。

（三）目前尚未出现能引领本轮工业企业存货回升的行业

电子通讯设备制造业从2012年7月的谷底开始回升后，至今仍然处于存货扩张期，随后带动工业企业整体自2012年11月，进入存货扩张期。但是工业企业存货在2014年7月达到波峰后下行，目前除电子通讯设备制造业外的其他行业均处于存货收缩期。可见，电子通讯设备制造业并未带动其他行业持续扩张。

单凭电子通讯设备制造业的繁荣难以带动全行业的持续繁荣，目前，其他

---

① 从2010年投入产出表看，机械设备制造业的中间投入来源（除机械设备制造业自身）中，金属产品制造业产品占比最高，占43.3%。

② 从2010年投入产出表看，金属制品制造业的中间投入来源（除自身外）中，采矿业占比最高，占38.1%。

③ 事实上，电子通讯设备制造业产能扩张很快，2014年12月产销率已经降至91.7%，如果销售不能持续增长，电子通讯设备制造业很快达到存货顶峰，进入收缩期。

各行业存货周期已经见顶回落，待电子通讯设备制造业也进入存货收缩期③后，还会扩大其他各行业的收缩幅度。工业企业景气度的提高，一方面有赖于新兴产业的兴起，扩大需求；另一方面要化解过剩产能，提高现有新兴产业的拉动效率。目前，能够引领全工业企业摆脱存货收缩期的龙头行业还未出现，行业周期轮动效应远未到来。

三、工业企业收缩存货，加快 PPI 下行

PPI 走势与工业企业存货周期基本一致。2012 年 3 月至 2014 年 12 月，PPI 持续 34 个月负增长，这既有周期性因素，又有趋势性因素。

（一）目前 PPI 的趋势值为 2000 年以来最低值

2000 年至 2012 年 9 月，我国 PPI 趋势值，仅在 2001 年 4 月至 2012 年 7 月间负增长，幅度在 -0.5%~0。

2012 年 10 月以来，随着 PPI 的持续下行，PPI 的趋势值也快速下降，并且呈持续恶化趋势。2014 年各月，PPI 趋势值均在 -2% 以下。2014 年 12 月，PPI 趋势值降至 -2.9%，创 2000 年以来的历史新低。目前，PPI 趋势值未见好转迹象。预计 2015 年各月，PPI 趋势值在 -2.9% 以下。

（二）PPI 的周期值已为负值，将进一步下行

一般而言，随着企业进入存货收缩期，周期性因素对 PPI 影响不断扩大。比如，2010 年 7 月，工业企业存货达到顶峰后回落，在 2012 年 11 月达到谷底。PPI 的周期值相应从 2.5% 降至 -2.1%。

2014 年 7 月至 12 月，企业处于存货收缩期内，PPI 的周期项从 1.6% 降至 -0.5%，预计在 2015 年存货周期探底的过程中，PPI 的周期值降幅将进一步扩大，并将超过 2010 年 7 月至 2012 年 11 月的低值，但好于 2009 年。

（三）预计 2015 年 PPI 继续下行

以 2009 年 8 月，周期性因素的影响（-9.6%）计算，在 2015 年的存货周期谷底，PPI 会达到 -12.5%（假设 PPI 的趋势值影响保持在 2014 年 12 月 -2.9% 的水平）。以 2012 年 11 月，周期性因素的影响（-2.1%）计算，2015 年末到达存货周期谷底时，PPI 会达到 -5%。整体判断，2015 年形势不容乐观，PPI 的趋势项和周期项都将快速下行，趋势项将创历史新低，周期项将好于 2009 年，但低于 2012 年，最终 PPI 最大降幅在 -12.5%~5%，取中值为 -8.75%。

货币及债券市场利率整体下移，降低融资成本政策效果明显

——2014年四季度货币市场利率及债券市场收益率监测

中国人民银行调查统计司市场统计处

一、货币市场利率季度初维持低位，季度末快速上升

2014年10月和11月，中央银行两度下调正回购利率，并通过创新货币政策工具向银行体系投放资金，资金面相对宽松，货币市场利率维持全年低位并保持平稳。

12月流动性情况发生变化，包括：（1）快速上涨的股市开始吸引大量资金；（2）市场对同业存款纳入一般存款后是否缴纳准备金的认识不明朗；（3）当月外汇占款下降较多；（4）财政资金投放量低于上年同期，且集中

在月末投放。上述因素与年末备付因素叠加，使货币市场利率月中启动上行。月末财政资金加速投放，但受新股申购冻结资金对冲的影响，货币市场利率虽有回落，但仍处于较高水平。季度末，隔夜Shibor为3.53%，比上季度末和上年同期分别高100个和38个基点。12月拆借和回购月加权平均利率均为3.49%，比上年同期分别低67个和79个基点。

图 银行间市场国债收益率曲线走势图

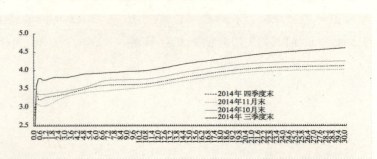

二、国债收益率曲线整体下移，长短利差出现积极变化

四季度经济运行依然偏弱，CPI连续下行，导致国债收益率曲线整体下移（见图）。同时，中央银行向市场连续发出宽松信号，收益率曲线在水平下移的同时，形状也产生积极的变化。具体表现为短端收益率下降幅度大于长端收益率，长短利差扩大，曲线陡峭程度增加。收益率曲线的上述变化明显有助于降低社会融资成本。

12月后快速上涨的股市分流大量资金，关于债券质押回购资格的新规[1]引起债券市场收益率全线上行。季度末，国债收益率水平有所上升，1年期与10年期国债收益率分别为3.26%和3.62%，分别比上季度末下降48个和36个基点，长短利差收窄为36个基点，比上季度末高12个基点。

三、公司信用类债券收益率持续回落后反弹，发行利率年末走高

10月和11月，受货币市场利率走势和资金充裕程度影响，公司信用类债券收益率继续回落，进入12月后，受股市分流资金、备付年末时点等因素叠加影响，收益率开始反弹。10月末，5年期AAA级中短期票据收益率为4.72%，并于11月进一步下降至4.55%，为28个月以来最低。12月该收益率反弹至4.85%，仍比上季度末低32个基点。

受二级市场收益率影响，公司信用类债券发行利率在11月短暂下降，于12月升至5个月来最高水平。发行利率导致融资额下降，12月公司信用类债券融资额仅3157亿元，为春节以来最低。

四、城投债收益率与发行利率年末大幅反弹，但仍低于三季度水平

四季度城投债[2]收益率走势与公司信用类债券相仿，但波动幅度大于公司信用类债券。10月初国务院出台加强地方政府债务管理的政策后，市场对存量城投债纳入地方预算管理较有信心，城投债收益率继续回落，10月末7年期AA级城投债收益率6%，比上季度末下降55个基点，11月进一步降至5.54%，为三年来最低。

进入12月，除资金相对趋紧等因素外，企业债质押资格新规和个别城投债被撤销地方政府信用[3]也推动城投债收益率大幅反弹。12月末7年期AA级城投债收益率6.39%，较11月上升85个基点，仍低于三季度末16个基点。发行利

---

① 12月8日，中国证券登记结算有限责任公司发布《关于加强企业债券回购风险管理相关措施的通知》，核心内容是逐步取消债项未达到AAA级的企业债券的质押回购资格，后续是否恢复取决于地方政府存量债务甄别结果。

② 城投债主要是指那些发行人名称为国有资产经营公司、城市建设投资公司、基础设施投资公司、交通控股公司、交通建设投资公司、电力投资公司、铁路投资公司、高速公路公司、经济开发区开发公司、高速铁路公司等，募集资金用途主要用于公开服务项目、地方基础设施建设或公益性项目等建设的债券。包含企业债券、中期票据、短期融资券等。

③ "14天宁债"及"14乌国投"被撤销政府信用背书，山东省政府明确规定对市县级政府债务实施"不救助"原则。

率也在前两月回落后于 12 月大幅反弹，12 月城投债平均发行利率为 6.82%，比 9 月低 4 个基点。

五、对 2015 年市场收益率走势的思考

总体来看，2014 年货币政策在货币及债券市场的传导比较顺畅，在引导预期和降低融资成本方面的效果比较明显。2015 年要更好地发挥债券市场作用。

一是保持收益率曲线长端的基本稳定。2015 年经济将继续处于"三期叠加"阶段，货币政策的重点在于营造稳定的资金环境。根据国债收益率长短利差与宏观经济景气一致指数之间的相关性判断，一季度经济可能短暂回升，二季度温和下行，下半年则会企稳，预计全年国债收益率曲线长端将保持基本稳定。

二是注意引导短端收益率下行，保持合理的长短期利差。2015 年货币政策调控需要兼顾稳增长、促改革、调结构、防风险和去杠杆等目标的平衡，投资者对政策的预期可能呈现多维度的特征，预期的差异性会明显增加。收益率曲线短端波动可能性较大，流动性短期紧张仍是需要重点关注的问题。货币政策在营造资金总体稳定环境的同时，也要熨平资金面短期波动，避免出现短期资金紧张引起收益率过快上升，引导短端收益率水平平稳下行，保持合理的长短利差。

三是加强债券市场建设，扩大发行主体范围，进一步打开地方政府发债空间，"关后门"后要主动"开前门"，减弱软约束主体融资利率居高不下对其他融资主体成本的溢出效应。

四是进一步疏通政策效果由债券市场向其他融资市场传导的渠道，提高传导效率，扩大政策效果，切实改善融资难、融资贵问题。需要密切关注财政政策以及资本市场条件的变化，注意政策间协同搭配，取得更好的调控效果，避免政策不协调导致货币政策效果出现"折扣"。

执笔：毛奇正

一季度总部企业经营状况将略有好转

中国人民银行营业管理部调查统计处

中国人民银行营业管理部对总部位于北京的61家集团企业景气状况进行的问卷调查显示：2014年四季度，总部企业景气指数较上季度小幅回升，企业总体状况指数、生产要素供给指数、市场需求状况指数、资金状况指数及投资状况指数均有所上升；总部企业预测2015年一季度景气状况略好于四季度，总体经营状况将持续好转。

一、总部企业景气指数小幅回升，资金成本明显下行

2014年四季度，总部企业景气指数为56.92，较上季度小幅回升0.87个百分点，但仍处于历史较低水平。从指数构成来看，企业总体状况指数、生产要素供给指数、市场需求状况指数、资金状况指数及投资状况指数分别较上季度上升2.12个、1.32个、0.49个、1.03个和0.28个百分点；仅成本效益指数较上季度下降0.03个百分点。

总部企业景气指数小幅回升显示经济增长缓中趋稳。四季度，84.7%的被调查总部企业总产值速度"偏高"或"正常"，较上季度上升4.7个百分点；62.1%的被调查总部企业判断宏观经济形势"正常"或"偏热"，较上季度上升2.1个百分点。

一是生产要素供给状况好转，设备能力利用水平有所提升。四季度，98.3%的被调查企业对能源供应的判断为"充足"或"适中"，较上季度上升1.7个百分点。98.3%的被调查企业对电力供应的判断为"充足"或"适中"，较上季度上升1.8个百分点。86.4%的被调查企业设备能力利用水平"正常"，较上季度提高1.4个百分点。

二是市场需求小幅增加，国内外订货水平情况向好。四季度，89.8%的被调查企业产品销售情况是"旺销"或"平销"，较上季度提高3.4个百分点；87.3%的被调查总部企业国内订货水平为"饱满"或"一般"，较上季度提高2.1个百分点；86.8%的被调查总部企业出口产品订单为"饱满"或"一般"，较上季度提

高 3.1 个百分点。

三是企业资金周转状况明显好转，销货款回笼情况较好。四季度，58.3%的被调查企业反映资金周转状况"良好"，较上季度提高 9.1 个百分点；38.3%的被调查企业认为销货款回笼情况处于"良好"的状态，较上季度上升 3.9 个百分点。

四是企业资金成本明显下行，生产资料价格水平持续走低。四季度，26.7%的被调查企业认为资金成本"下降"，较上季度大幅增加 16.7 个百分点；17.2%的被调查企业原材料购进价格"下降"，较上季度增加 5.2 个百分点；14%的被调查企业对生产资料综合价格水平的判断为"下降"，较上季度增加 3.9 个百分点。

二、宏观经济预测指数与本季度基本持平，总部企业预计未来行业整体经营状况将略有好转

2014 年四季度，总部企业景气状况预测指数为 56.95，较对四季度的判断提高 0.03 个百分点。从分项指标看，86.7%的被调查企业预测 2015 年一季度总产值增长速度"偏高"或"正常"，较对 2014 年四季度的判断提高 2 个百分点；91.7%的被调查总部企业预测 2015 年一季度所在行业整体经营状况"良好"或"一般"，较对 2014 年四季度的判断提高 1.7 个百分点。

一是企业对市场需求状况看好，预计出口订单将有所增加。86.2%的被调查总部企业预计 2015 年一季度本企业产品的市场需求"旺盛"或"一般"，较 2014 年四季度判断提高 4.9 个百分点；16.9%的被调查总部企业预计 2015 年一季度产品销售状况"旺销"，较 2014 年四季度的判断提高 5 个百分点；22.6%的被调查总部企业预计 2015 年一季度出口产品订单"增加"，较对 2014 年四季度的判断提高 3.7 个百分点。

二是企业预计资金成本将继续下降，盈利情况与本季度持平。受人民银行降息政策影响，85.0%的被调查总部企业预计 2015 年一季度企业资金成本"持平"或"下降"，较对 2014 年四季度的判断提高 5 个百分点。总体来看，产品销售价格上升将弥补部分原材料等生产资料价格上升带来的损失，96.6%的被调查企业预计 2015 年一季度"增盈"或"持平"，较对 2014 年四季度的判断略降 0.1 个百分点。

三是企业预计销货款回笼情将略有好转，支付能力状况持续保持良好水平。96.6%的被调查总部企业预测 2015 年一季度销货款回笼情况为"良好"或"一般"，较对 2014 年四季度的判断增加 1.6 个百分点。全部被调查总部企业预测 2015 年一季度支付能力状况为"较强"或"一般"，与对 2014 年四季度的判断持平。

2015 年江苏省经济走势展望

中国人民银行南京分行调查统计处

展望 2015 年，全球经济复苏进程波折、过剩产能出清、房地产市场调整等因素导致经济增长将仍面临一定的下行压力，江苏省经济降台阶、构筑新的增长区间的过程仍将持续。但在稳增长政策效应进一步显现、"一带一路"等战略推进、简政放权等改革力度不断加大等因素推动下，预计经济增长仍将维持在合理区间内。

根据最新数据作出的预测①显示，2015 年全省 GDP 增速预计为 8.2% 左右，比 2014 年下降 0.6 个百分点；CPI 涨幅预计为 2%，比 2014 年下降 0.2 个百分点。

一、工业生产增速降幅预计将有所收窄

初步预计，2015 年全省工业增加值增速为 9%，比 2014 年增速下降 0.8 个百分点，降幅收窄 0.9 个百分点。

在国内外经济环境仍然复杂、需求疲弱局面难以明显改观、工业领域调结构、消化过剩产能仍然持续的背景下，加之环境、资源约束逐步增强等因素，预计 2015 年江苏省工业生产仍将经历增速降档的过程。但受以下积极因素推动，预计 2015 年全省工业生产增速降幅将有所收窄：（1）国家出台的一系列微刺激政策，包括政府所主导的加大棚户区改造和环境治理、苏北快速铁路网建设全面铺开等，将有效促进国内需求的平稳释放。人民银行南京分行工业景气调查显示，2014 年四季度国内订单预期指数为 46.64%，较 2013 年同期上升了 0.42 个百分点，延续了前期同比微幅改善的态势。（2）2014 年以来，中央银行定向降准、降息，各级地方政府也出台了一系列缓解企业融资难、融资贵的政策措施，使得企业融资状况较前期有所好转，融资成本涨幅趋缓。并且随着地方政府债务管理的加强，地方政府融资平台等软约束部门对实体经济信贷资源的挤出

---

① 文中主要指标预测通过时间趋势法、ARIMA、ARDL、VAR、状态空间模型等多种方法预测值等权加权平均得到。

效应将有所下降，预计后期工业企业融资环境将进一步改善，这将对企业生产经营起到积极的推动作用。

二、投资增速仍将有所回调

初步预计，2015年全省固定资产投资增速将进一步回调至14%，较2014年下降1.5个百分点。

分结构看，预计工业投资增长总体依然乏力，房地产投资增速将进一步放缓，基础设施投资有望继续保持较快增长，但升幅有限。

1. 预计工业投资增长难有明显起色，但技改投资有望继续提速。受市场需求疲软、化解过剩产能压力依然较大的影响，工业企业投资意愿依然低迷。统计数据显示，1~11月，全省工业投资在建项目数、新开工项目数、新开工项目计划投资额同比分别增长3.6%、5.8%、6.7%，增幅分别较2013年同期下降了6.5个、10.6个、4.9个百分点。人民银行南京分行四季度工业景气调查也显示，企业2015年一季度固定资产投资预期指数为45.97%，连续多个季度处于收缩区间内，且较2014年四季度和2013年同期均有所回落，预示未来工业投资增长有限。与此同时，在需求不振，各项要素制约不断增强的倒逼作用下，企业投资结构优化步伐预计将进一步加快，技改投资增速有望延续上升态势。1~11月，全省工业技术改造投资完成6811.1亿元，同比增长19.9%，增速较上年同期上升了2.3个百分点，也高于工业投资增速9.3

个百分点；其中用于更新改造的设备购置投资增长27%，高于工业投资增速16.4个百分点。

2. 预计房地产投资增速将进一步放缓。在目前市场库存依然高企、房地产进入中期调整的背景下，房地产企业信心明显回落。拿地和新开工意愿普遍不足，将抑制后期房地产投资增长。省统计局发布的调查数据显示，2014年以来全省房地产业企业家信心指数呈逐季回落的态势，截至三季度已降至82.7%，较一季度也下降了16.7个百分点，低于整体企业信心指数35.2个百分点。在此背景下，房地产企业拿地和新开工意愿明显回落。1~11月，全省房地产企业土地购置面积累计同比下降16.29%，增速较2013年全年回落了近50个百分点；房屋新开工面积同比下降9.05%，增速低于2013年全年26.66个百分点。四季度银行家问卷调查显示，房地产行业信贷需求景气指数分别较上季度和2013年同期下降了3.62个和10.2个百分点，降至2004年以来的最低水平。房地产企业信贷需求有所回落，也从侧面反映出房地产企业投资意愿的低迷。

3. 预计基础设施投资仍将保持相对较快增长。一是新型城镇化大力推进带动的市政基础设施投资力度不断加大、前期规划的以"三纵四横"为主架构的全省快速铁路网建设全面铺开，以及省内各市地铁线路建设逐步推进等，预计将对2015年基础设施投资继续保持较高增长提供支撑。1~11月，全省市政基础设施新开工项目3817个，同比增长

21.9%，高于整体投资新开工项目个数增速 10.6 个百分点。二是投资简政放权释放的制度活力和社会资本的引入，也将在一定程度上推动基础设施投资增长。近期财政部公布的全国政府和社会资本合作模式示范项目中，江苏省有 9 个项目被列入，计划投资额 527.6 亿元，项目数和投资额均占全国近 1/3。随着这些项目投入实施，省内基建投资增长的基础将进一步得到夯实。

三、预计消费将保持平稳增长

初步预计，2015 年全省社会消费品零售额同比增长 12.2%，增速较 2014 年小幅下降 0.2 个百分点。剔除价格因素后，预计实际消费品零售额同比增长 10.2%，增速与 2014 年持平。

尽管经济增长下行导致收入增速放缓，在一定程度上影响了居民的消费信心，但受以下因素支撑，2015 年全省消费有望保持平稳增长态势：（1）住宿餐饮消费有望缓慢回升。根据国家信息中心的预测，随着"八项规定"政策效果在前期的集中释放，政策的强力影响将逐步缓解，其对消费的下拉影响将呈现类似"驼峰效应"的不断减弱的过程。（2）汽车消费将趋于稳定。在 2014 年汽车消费增速基数较低的背景下，受油价持续下跌导致用车成本下降，新能源汽车的补贴政策以及黄标车、老旧车淘汰力度不断加大，物流配送需求快速上升等因素推动，全省汽车消费有望保持相对平稳增长，从而对消费增长起到一定

的支撑作用。（3）信息消费增速将继续保持快速增长。根据 2014 年省政府审议通过的《关于加快促进信息消费的实施意见》所确定的目标，2015 年全省信息消费规模达到 3200 亿元，其中基于互联网的新型信息消费规模达到 2100 亿元，同比增长 30% 以上；电子商务交易额突破 2 万亿元，同比增长 40% 左右，其中网络购物交易额达到 2800 亿元。信息基础设施建设方面，全省家庭固定宽带普及率和移动互联网普及率将分别达到 90% 和 80%，城市家庭和农村家庭宽带接入能力分别达到 100 兆和 20 兆。随着目标任务不断落实，预计 2015 年全省信息消费将保持强劲增长，从而对整体消费起到积极的拉动作用。

四、预计出口保持低速增长

初步预计，2015 年全省出口增长 4.0%，较 2014 年小幅回落 0.2 个百分点，继续保持低速增长态势。

预计出口增长乏力，主要受以下因素制约：（1）受全球经济复苏乏力、地缘政治危机不断的负面溢出效应有所增强的影响，国际市场的波动性与不确定性依然较大。2014 年四季度，国际货币基金组织下调 2015 年全球经济增长预期 0.2 个百分点至 3.8%，其中欧元区、日本和新兴市场增速预期均有所下调。而以制造业扩张拉动的美国经济增长势头虽然强劲，但对江苏省出口提振有限。据测算，由于制造业回流和美元走强，美国经济增长对我国出口的拉动弹性已由

金融危机前的 10.5 降至目前的 6.2。作为外贸形势的晴雨表，10 月中下旬召开的第 116 届广交会数据也显示出国外市场订单状况不乐观。本届境外采购商比上届减少 1.07%，累计成交额较上届下降了 6.1%。其中，江苏省企业累计成交 24.5 亿美元，环比略降 1.7%，同比下降 6.1%。（2）人民币实际有效汇率将进一步上升，削弱出口企业竞争力。2014 年，人民币兑美元虽然全年累计贬值 2.48%，但受美元外的世界主要货币贬值影响更加明显，人民币实际有效汇率不降反升。2015 年预计这一趋势仍将延续，从而削弱出口企业竞争力。WIND 数据显示，人民币兑欧元、日元、英镑等货币全年升值幅度分别达到 9.57%、10.06%、3.58%；11 月末人民币名义有效汇率指数较 2013 年末和 2014 年上半年上升了 6.41 个和 9.63 个百分点。（3）价格因素仍将对名义出口增速产生压制。受大宗商品价格持续回落传导，2013 年以来国内出口商品价格有所回落，对名义出口增速产生了较大影响。海关公布的数据显示，2013 年和 2014 年 1~11 月，我国出口价格指数分别为 –0.65% 和 –0.76%，远低于 2010~2012 年 4.87% 的平均水平。而在市场需求总体疲弱、油价大跌的背景下，2015 年出口价格料将延续走弱态势，对名义出口增速的负面影响仍将持续。

五、预计物价涨幅仍将维持低位

初步预计，2015 年全省物价涨幅将仍保持在 2% 左右低位运行态势，较 2014 年下降 0.2 个百分点。

影响物价的因素主要包括：（1）占 CPI 权重较高的食品价格涨幅有限；（2）原油等大宗商品价格预计将继续保持疲弱态势；（3）劳动力成本升幅趋缓，对物价上涨的推动作用有所减弱。

执笔：李 健 王宗林

经济增速回落明显，经营主体收益平稳

——2015 年银行家、企业家和居民对经济形势与经营主体收益情况的调查

中国人民银行南昌中心支行调查统计处

2015 年 1 月下旬，人民银行南昌中心支行在全省组织 90 位银行家、431 位企业家以及随机抽取了 1000 户居民作为样本开展了经济形势与经营主体收益情况的问卷调查①。调查结果显示：总体来看，银行家、企业家对 2015 年经济增速预期明显回落，但经营主体收益预期趋于平稳。

一、微观主体对 2015 年的经济形势判断与经营主体收益走势情况判断

（一）近七成银行家认为 2015 年经济增速回落，五成银行家认为 2015 年银行业整体经营状况平稳

调查显示，参与调查的银行家对于 2015 年经济形势的看法，其中预计"增速回落"的占比最高，为 67.78%，较上年大幅上升 34.45 个百分点；其次为"平稳较快"，占 32.22%，较上年大幅下降

30.88 个百分点；"强劲上升"的占比为零，较上年上升 2.38 个百分点。

相比 2014 年，参与调查的银行家认为 2015 年银行整体经营情况判断，其中预计"相当"的占比最高，为 51.11%，较上年上升 16.59 个百分点；其次为预计"更好"，占 19.36%，较上年大幅下降 30.88 个百分点；预计"更差"与"不确

---

① 银行家问卷调查对象为江西省开展制度性银行家问卷调查的银行机构，其中，政策性银行分支机构 13 家、国有商业银行分支机构 52 家、股份制商业银行及其分支机构 7 家、城市商业银行 5 家、农村商业银行及农村信用合作社 13 家。

企业问卷调查对象为江西省工业景气定点调查企业，抽取样本 431 户，其中，大型企业 31 户、中型企业 119 户、小型企业 230 户、微型企业 51 户；进出口企业 110 户、非进出口企业 321 户。

居民问卷调查采用随机抽样方式对城镇居民开展调查，收回有效问卷 1000 份。从居民样本年龄分布看，主要以 20~50 岁之间中青年为主，占被调查对象的 72.90%；从学历分布来看，大学本科或专科的占比为 49.00%，中学与相等学历者占比为 39.20%；从职业分布看，主要以企业管理人员及员工、个体经营者、国家机关事业单位及服务业从业员工为主，分别占 33.70%、18.00%、14.60%、14.30%。

定"的占比均为 5.56%，分别较上年下降 0.39 个百分点、上升 3.21 个百分点。

（二）近七成企业家认为 2015 年经济平稳运行，六成多企业家预计 2015 年企业利润平稳向好

调查显示，参与调查的企业家对于 2015 年经济形势的判断时，其中预计"平稳运行"的占比最高，为 67.05%，较上年下降 8.65 个百分点；其次为"增速回落"，占 22.51%，较上年上升 5.37 个百分点；"增速回升"的占比为 9.28%，较上年上升 2.63 个百分点。

参与调查的企业家对 2014 年企业利润总额较上年"增加"、"持平"、"减少"的占比分别为 30.63%、34.34%、35.03%，分别较上年减少 5.69 个百分点、上升 9.02 个百分点、下降 3.33 个百分点。而相比 2014 年，参与调查的企业家预计 2015 年企业利润总额，其中预计"持平"的占比最高，为 43.62%，较上年上升 3.47 个百分点；其次为预计"增加"，占 35.50%，较上年下降 8.23 个百分点；预计"减少"，占 20.88%，较上年上升 4.77 个百分点。

（三）近六成居民认为 2015 年经济形势平稳，五成以上居民预计 2015 年家庭收入持平

调查显示，参与调查的居民对于 2015 年经济形势判断时，其中预计"基本不变"的占比最高，为 57.10%；其次为"更好"，占比为 30.10%；选择"更差"的占比为 12.80%。相比 2014 年，参与调查的居民认为 2015 年家庭收入较上年"增加"、"持平"、"减少"的占比

分别为 35.60%、56.10%、8.30%。

二、影响微观主体预期判断的因素分析

（一）银行方面：信贷需求有所减弱，信贷风险预期增加，整体息差水平下降

一是信贷需求有所减弱。调查显示，参与调查的银行家认为相比 2014 年，2015 年信贷需求预计"有所增加"的占比最高，为 71.11%，但较上年下降 3.89 个百分点；其次为"基本持平"，占 21.11%，较上年下降 1.51 个百分点；选择"有所下降"的占比为 7.78%，较上年上升 6.59 个百分点。

二是信贷风险预期增加。调查显示，参与调查的银行家认为预计 2015 年信贷风险"基本不变"的占比最高，为 41.11%，较上年上升 7.78 个百分点；其次为"有所提高"，占 35.71%，较上年下降 0.96 个百分点；而选择"有所下降"的占比为 18.95%，较上年下降 12.06 个百分点。

三是整体息差水平下降。调查显示，参与调查的银行家认为相比 2014 年，预计 2015 年银行整体息差水平"下降"的占比最高，为 56.67%，较上年上升 12.62 个百分点；其次为"基本不变"，占比为 38.89%，较上年下降 7.54 个百分点；而选择"上升"的占比为 3.33%，较上年下降 5.00 个百分点。

（二）企业方面：订单有所减少，用工人数下降，经营利润下滑

一是订单有所减少。调查显示，参与调查的企业家认为相比 2014 年，预计 2015 年订单金额将较上年"持平"的占比最高，为 52.20%，较上年上升 5.40 个百分点；其次为"增加"，占比 31.79%，较上年下降 7.85 个百分点；而选择"减少"的占比为 16.0%，较上年上升 2.46 个百分点。

二是用工人数下降。调查显示，参与调查的企业家认为相比 2014 年，预计 2015 年用工人数将较上年"持平"的占比最高，为 61.02%，较上年上升 1.17 个百分点；其次为"增加"，占比 21.35%，较上年下降 5.50 个百分点；而选择"减少"的占比为 17.63%，较上年上升 4.43 个百分点。

三是经营利润下滑。调查显示，参与调查的企业家认为相比 2014 年，预计 2015 年利润总额将较上年"持平"的占比最高，为 43.62%，较上年上升 3.47 个百分点；其次为"增加"，占比 35.50%，较上年下降 8.23 个百分点；而选择"减少"的占比为 20.88%，较上年上升 4.77 个百分点。

（三）居民方面：工资增加预期不高，消费集中基本生活

一是工资增加预期不高。调查显示，相比 2014 年，参与调查的居民预计 2015 年提高工资"会"与"不会"的占比分别为 45.80%、54.20%。结果表明，五成多的居民对 2015 年工资增加的预期不高。

二是基本生活消费集中。调查显示，参与调查的居民认为家庭中最主要的消费支出集中在居民基本生活消费，居民选择"食品"、"衣着"、"医疗保健及个人用品"、"家庭设备用品及服务"、"交通与通信"占比分别为 62.50%、33.70%、31.80%、27.30%、24.40%。

企业生产经营困难，融资难度继续加大

中国人民银行成都分行调查统计处

2014 年四季度，人民银行成都分行对四川省 345 户企业开展问卷调查。结果显示：企业家对经济趋稳回升的信心持续走低；企业生产经营状况在景气临界点徘徊，产能利用水平下降至 10 年以来最低水平；市场需求仍然不足，订单预期下降；企业资金压力仍较大，融资满意度进一步下滑；企业家投资意愿持续偏冷。

一、企业家宏观经济感受偏冷，宏观经济预期不乐观

调查显示，四季度，四川省企业家宏观经济信心指数为 25.37%，较上季度下降 1.59 个百分点，比同期下跌 6.44 个百分点。其中，认为本季度经济偏热的企业家仅占 1.45%，而 50.72% 的企业家感觉本季度经济偏冷，较上季度继续上升 3.18 个百分点，较上年同期上升 11.46 个百分点。从趋势看，国际金融危机以来，企业家信心在政策刺激下于 2011 年一季度达到高峰后，总体处于波浪式下

跌过程，目前已经再次逼近 2009 年一季度以来的最低点，处于偏冷区间。

参与调查的企业家对未来宏观经济形势走向继续持较为悲观态度，认为 2015 年一季度宏观经济偏冷的企业家占 44.64%，认为偏热的仅有 2.32%，下季度宏观经济热度预期指数为 28.84%，环比和同比分别下降 4.64 个和 7.69 个百分点。

二、企业生产经营状况在临界点窄幅波动，设备利用水平明显低于多年平均

企业生产经营状况未见明显好转，设备能力利用水平在低位徘徊。本季度企业总体经营状况景气指数为 50%，与上季度基本持平，同比减少 4.58 个百分点。认为经营状况一般的企业与上季度持平，有 22.32% 的企业认为经营状况较好，较上季度略上浮 0.87 个百分点。企业 2015 年一季度总体经营状况预期指数为 55.22%，较上季度和 2013 年同期预期分别下降 1.31 个和 1.66 个百分点。

企业开工情况比上季度略有下滑，

并明显低于多年平均水平。本季度企业设备能力利用水平指数为 34.06%，较上季度和 2013 年同期分别下降 1.45 个和 3.47 个百分点，且比近十年平均水平下滑 7.14 个百分点，延续近三年来持续走低态势。一线员工周平均工作小时数为 43.42，比上季度增加 0.95 个小时，与 2013 年同期相同。

企业盈利指数为 49.13%，比上季度回升 1.02 个百分点，但比 2013 年同期大幅下降 5.74 个百分点。有 34.78% 的受访企业家认为本季度增盈（或减亏），与上季度持平；认为增亏（或减盈）的为 36.52%，较上季度减少 2.03 个百分点。预计 2015 年一季度将增盈（或减亏）的占 37.39%，增亏（或减盈）的占 25.22%，显示企业家对于 2015 年一季度的盈利预期仍不乐观。

三、市场需求依然不足，订单预期下降

四季度因国际市场有所恢复，国内稳增长政策效果逐渐显现，市场产品需求较上季度有所回暖，但仍徘徊在历史低位。市场产品需求指数为 35.37%，较上季度上升 2.32 个百分点，同比下降 1.31 个百分点，仍处于不景气区间。部分企业反映，本季度市场需求增加，产品价格有所回升，四季度价格指数为 41.74%，比上季度上升 0.88 个百分点，同比下降 6.54 个百分点。企业家对 2015 年一季度市场需求预期仍不乐观，其预期景气指数为 37.11%，与四季度保持一致，同比下降 1.87 个百分点。

订单状况充分反映了市场需求状况，本季度国内订单指数为 46.09%，较上季度大幅上升 5.94 个百分点，比同期减少 3.2 个百分点；国际订单指数为 49.13%，较上季度上升 1.45 个百分点，较同期下降 0.87 个百分点。对于 2015 年一季度的市场需求，企业预期指数为 37.11%，仍处于不景气状态，其中国内订单和国际订单预期指数双双下降。

在市场前景仍不明朗和原材料价格节节走低的情况下，企业在增加原材料存货的同时，进一步削减产成品库存。本季度企业产成品存货水平指数① 为 44.35%，较上季度增加 2.32 个百分点；原材料存货指数为 53.04%，较上季度增加 2.75 个百分点。本季度原材料购进价格指数为 55.51%，较上季度减少 1.74 个百分点。

四、资金周转压力仍较大，融资难度持续加大

企业资金周转状况景气指数为 44.35%，较上季度和 2013 年同期分别下降 1.02 个和 6.65 个百分点。认为四季度资金周转困难的企业占 33.91%，分别比上季度和 2013 年同期提高 1.16 个和 6.4 个百分点；认为本季度资金周良好的企业占 22.61%，分别比上季度和 2013 年同期下降 0.87 个和 6.9 个百分点。从趋势看，目前企业资金周转状况景气指数

---

① 存货水平指数为逆指标，当指数上升时表明存货水平下降。

已经跌至 10 年以来最低水平。

企业销货款回笼速度略有提升，其景气指数较上季度上升 1.74 个百分点至 52.03%，同比下降 5.14 个百分点。27.54% 的受访企业反映本季度销货款回笼状况良好，较上季度下降 0.87 个百分点；反映本季度销货款回笼困难的占 24.35%，较上季度减少 1.16 个百分点。

受到经济增速减缓、企业盈利普遍下降的影响，商业银行感受到资产质量下降和不良贷款率上升带来的压力，信贷投放趋于谨慎。另外，随着民间融资风险的持续暴露，政府加大对相关市场的管控，民间融资活跃度下降，企业融资难度继续加大。企业总体融资状况指数 36.96%，较上季度下降 1.74 个百分点，比 2013 年同期下滑 1.16 个百分点，其中，企业获得银行贷款满意指数为 36.24%，较上季度和 2013 年同期分别下降 2.17 个和 3.45 个百分点。

受降息和结构性货币政策影响，企业融资成本有所下降，但总体上仍处于近年来较高水平。融资成本指数为 60.44%，比上季度下滑 4.05 个百分点，同比下降 2.17 个百分点。银行贷款利率指数为 53.77%，较上季度略有回落，比 2013 年同期减少 3.54 个百分比。

五、企业投资意愿较为谨慎

在市场未来走势不确定、企业经营前景不明朗的情况，许多企业在投资方面都十分谨慎。2014 年四季度，企业固定资产投资指数为 47.10%，较上季度和 2013 年同期均有下降（2.76 个百分点和 6.05 个百分点），低于历史平均值 6.01 个百分点。17.1% 的受访企业家反映本季度固定资产投资支出增加，较 2013 年同期下降近 7.54 个百分点；22.9% 的企业反映本季度固定资产投资支出减少，较 2013 年同期增加 4.56 个百分点；18.84% 的企业预计 2015 年一季度固定资产投资支出将增加，而预计将减少的为 19.42%。

2014 年浙江省出险企业家数呈逐季增加态势

中国人民银行杭州中心支行调查统计处

一、出险企业的总体情况

2014 年全省共监测到出险企业[①] 2147 家，同比增加 1505 家，涉及银行贷款 1319.35 亿元，同比增长 2.7 倍。其中，12 月共监测到出险企业 264 家，环比增加 13 家，同比增加 215 家；涉及银行贷款 217.62 亿元，同比增加 5.1 倍。

（一）出险企业家数呈逐季增加态势，并屡创历史新高

2014 年，出险企业家数呈逐季增加态势，并屡创历史新高。究其原因：一方面，在经济下行压力仍然较大的背景下，企业经营困难、偿债能力下降，且资金链风险通过担保链传播蔓延；另一方面，全省不良贷款率持续攀升，企业逃废债行为未得到有效遏制，导致银企缺乏良性互动。同时，2014 年 4 月杭州中心支行通过建立"零报告"制度、个别约谈、建立风险联络员机制等措施，进一步加强了企业风险监测工作，金融机构对该项工作也更为重视。

（二）出险企业遍布各地市且相对集中在经济发达地区

2014 年全省 11 个地市均有企业出险，且主要集中在宁波、温州、金华、绍兴和杭州等经济发达地区。具体来看，宁波和温州分别以 685 家和 422 家出险企业居前两位，排在第二梯队的是金华和绍兴，分别为 268 家和 192 家，紧接着是杭州、台州和湖州，分别为 166 家、155 家和 114 家，衢州、丽水、嘉兴和舟山居最后四位，分别为 75 家、51 家、11 家和 8 家出险企业。

（三）资产 2 亿元以下的企业占多数

2147 家出险企业总资产 3367.89 亿元，平均资产 1.57 亿元，同比增加 0.16

[①] 出险企业统计口径：出现经营困难、关停、倒闭、法人代表逃逸、涉及民间借贷、非法集资、承担担保代偿责任、发生有重大影响诉讼案件、发生灾害安全事故等各类出现风险事件的银行贷款户。

亿元。从单个企业来看，2亿元以下的企业占绝大多数。具体来看，资产规模在5000万元以下的有694家，占比32.3%；5000万元（含）至1亿元的有488家，占比22.7%；1亿元（含）至2亿元的有469家，占比21.8%；5亿元（含）以上的有110家，比2013年增加76家，占比达5.1%，其中资产规模排名前三位的均是化纤行业。

（四）出险企业绝大部分属传统产业且以制造业为主

2147家出险企业绝大部分属传统产业。从具体行业来看，制造业企业共1429家，占比66.6%，涉及银行贷款889.6亿元，占全部贷款的67.6%。其中，纺织、化纤、服装、制鞋、皮革、小家电、汽摩配件、仪器仪表、设备制造、木板、家具、造纸和五金等行业出险企业较多。批发零售业企业503家，占比23.4%，涉及银行贷款246.3亿元，占比18.5%；建筑业100家，涉及银行贷款116.8亿元；服务业43家，涉及银行贷款12.7亿元；农林牧渔业37家，涉及银行贷款28亿元；住宿餐饮业22家，涉及银行贷款20亿元；交通运输业13家，涉及银行贷款5.9亿元。

（五）担保链风险占主导

2014年出险企业中由于互保、联保而出险的企业最多[①]，达739家，占比34.4%。其中，12月因互保、联保而出险的企业仍然最多，为98家，占比37.1%，比上月高近2个百分点，涉及银行贷款75.9亿元，占比44%。

担保在便利了企业融资的同时，也带来了大量的或有负债，增加企业财务管理的难度，若处置不当，一家企业出险，由于担保责任，会影响担保企业的资金链，从而引发风险的蔓延。2014年4月，浙江至尊工贸、铿泰工贸、利万家家居、昌宏工贸、乾仕工贸、圣太工贸、好邻居工贸、锐凯工贸8家武义主要门业企业因担保圈牵涉出险，起因是浙江昌宏工贸有限公司因销售不畅、货款回笼不及时、库存积压而出现贷款逾期的情形，进而牵连到担保企业浙江至尊工贸，从而随着担保链条的风险传递，当地主要门业企业集体出险，政府迅速介入处置，化解担保链风险，防止了担保链风险进一步蔓延扩散。目前，浙江至尊工贸和浙江利万家家居已进入破产清算程序。

二、出险企业的处置情况

2014年，2147家出险企业共涉及银行贷款1319.35亿元。为有效保全信贷资产，各授信银行采取了多种处置方式，包括司法诉讼、协调解决和打包转让等。截至报告日，2147家出险企业中，采取司法诉讼（处置抵押物、申请履行担保责任等）处置的企业有1194家，占比55.6%；协商解决（平移、贷款重组等）901家，占比42%；打包转让（对象主要为各资产管理公司）52家，占比2.4%。

---

① 企业出险均是多种因素交织所致，且根本原因多为经济不景气，造成销售不畅、库存积压、应收占款增多、投资预期收益未实现等，资金链断裂而出险。为便于分析，按照导致企业出险的直接原因进行统计。

从企业经营现状来看，在政、银、企三方共同努力下，实现正常经营的企业有 526 家，占比 24.5%，比 2013 年提高近 15 个百分点。目前仍处于协调处置中的企业有 651 家，占比 30.3%，其中，52 家企业正在重组中（包括破产重整），企业开展重组自救的比例不高；停产或破产的企业达 970 家，占比 45.2%，比 2013 年降低 22 个百分点。

三、趋势展望

展望 2015 年，浙江省经济将在合理区间平稳运行，但面临系统性的结构调整，企业出险态势仍将持续。从大环境看，一是全球经济仍较复杂。根据国际货币基金组织（IMF）1 月 20 日发布的《世界经济展望报告》，2015 年全球 GDP 增长率为 3.5%，较 2014 年 10 月报告的预测下调了 0.3 个百分点，其中，美国 GDP 增速将达 3.6%，是唯一一个增长预测上调的主要经济体；欧元区 GDP 增速为 1.2%，较上期报告下调了 0.1 个百分点；新兴市场和发展中经济体 GDP 预计增长 4.3%，较上期报告下调了 0.7 个百分点。二是国内改革红利将逐步释放。2015 年，国家将在行政体制、财税、金融、投融资等多个领域进一步释放改革红利，改革对经济的支撑作用将逐渐显现。但从企业微观层面看，仍然面临较多的困难，主要有以下三方面。

（一）企业生产经营仍将面临一定风险

在经济企稳态势不明朗的形势下，存在对企业生产不利的因素：一是去杠杆化背景下，市场主体需求不旺、企业销售不畅、库存积压、应收账款回笼难等导致企业资金链偏紧，加上劳动力、土地等要素成本仍在上升通道中，企业成本负担仍有增无减。二是行业性问题。船舶、纺织、房地产等部分行业产能过剩问题仍然存在，企业仍将面临去库存化压力；"三高一低"行业发展仍会受到抑制，省内纺织、水泥、造纸、小电器等行业企业环保压力较大。

（二）担保圈风险短期内难以消除

全省企业贷款中保证方式贷款占比仍然较高，且企业存量债务中担保形式负债仍占有较大比例。同时，对前期担保企业的处置以"时间换空间"形式较多，并未彻底化解风险，未来影响仍有可能持续。如近几年监测到的部分出险企业就是因为在 2008 年金融危机后承担了"平移"债务而陷入经营困境。

（三）银行惜贷加剧资金链紧张态势

近年来，资金链、担保链问题困扰着企业的正常生产经营，浙江省企业出险形势进一步恶化，传统企业开工不足大面积存在，倒闭、破产时有发生，因担保链传递，越来越多的企业陷入债务纠纷，逃废债现象有所蔓延，银行不良率逐年攀升，金融生态环境遭到一定程度的破坏，商业银行出于业绩考核考虑，惜贷的倾向明显，这将进一步加剧企业资金链的紧张状态。

内蒙古宏观经济热度指数下降，企业和银行业景气回落

中国人民银行呼和浩特中心支行调查统计处

2014 年四季度，人民银行呼和浩特中心支行对 87 位银行家、99 位企业家及 400 位城镇居民开展了四季度的内蒙古银行家、企业家及居民储户问卷调查。

一、企业家和银行家宏观经济热度指数偏低，居民收入和就业感受指数小幅提高

（一）企业家宏观经济热度指数是 2009 年二季度以来的最低值，银行家宏观经济热度指数低位回升，但预期均有所好转

四季度，企业家宏观经济热度指数和宏观经济信心指数分别为 29.80% 和 58.09%，较上季度分别下降 5.05 个和 8.59 个百分点，较上年同期分别下降 6.57 个和 12.12 个百分点，是 2009 年二季度以来的最低值。银行家宏观经济热度指数和宏观经济信心指数分别为 27.59% 和 57.47%，较上季度分别上升

1.73 个和 3.44 个百分点，较上年同期分别下降 6.89 个和 5.18 个百分点。具体来看，57.58% 的企业家和 50.57% 的银行家认为宏观经济"正常"；41.41% 的企业家和 47.13% 的银行家认为宏观经济"偏冷"。

（二）居民收入和就业感受指数小幅提高，未来收入信心指数为 2000 年调查以来的同期最低值，就业预期指数连续三个季度下降后本季度止跌回升

四季度，居民收入感受指数为 45.75%，较上季度上升 2.50 个百分点，较上年同期下降 3.13 个百分点。对于下季度，居民未来收入信心指数为 51.97%，较上季度上升 1.41 个百分点，较上年同期下降 2.21 个百分点，是 2000 年调查以来的同期最低值。四季度，居民就业感受指数为 30.40%，较上季度和上年同期分别上升 1.12 个和 3.94 个百分点。

二、企业投资意愿趋于下滑，居民增加投资的倾向上升，超四成居民投资选择基金、理财产品和债券

（一）企业固定资产投资意愿趋于下滑，未来预期仍较谨慎

四季度，企业固定资产投资指数为53.54%，较上季度和上年同期均下降1.01个百分点。其中，22.22%的企业家认为固定资产投资"增加"，较上季度下降5.05个百分点，较上年同期上升2.02个百分点。对于下季度，企业固定资产投资预期指数为47.98%，较上季度和上年同期分别下降5.05个和4.55个百分点。

（二）居民增加储蓄的倾向回落，增加投资的意愿提升，超四成居民投资选择基金、理财产品和债券

在当前物价、利率及收入水平下，倾向于"更多储蓄"的居民占47.00%，较上季度下降4.00个百分点；倾向于"更多消费"的居民占13.25%，较上季度持平；倾向于"更多投资"的居民占39.75%，较上季度上升4.00个百分点。在居民各主要投资方式中，排在前五位的分别是"基金、理财产品"、"实业投资"、"房地产"、"民间借贷"和"债券"，占比分别为30.00%、13.50%、13.50%、10.75%和10.25%，分别较上季度上升2.25个、下降1.50个、上升1.75个、上升5.75个和下降2.00个百分点。

三、企业产品销售价格有所回落，居民物价满意度下降，居民和银行家房地产价格预期指数偏低

（一）原材料购进价格小幅上升，产品销售价格有所回落

原材料购进价格指数为57.07%，较上季度上升0.51个百分点，较上年同期下降9.09个百分点。销售价格指数为38.39%，较上季度和上年同期分别下降5.56个和3.03个百分点。对于下季度，企业原材料购进价格预期指数为57.58%，较上季度和上年同期分别下降0.50个和3.03个百分点。产品销售价格预期指数为45.46%，较上季度和上年同期分别下降1.52个和4.04个百分点。

（二）居民当前物价满意度下降，超三成银行家和居民预期消费品物价上涨

居民物价满意指数为18.62%，较上季度和上年同期分别下降3.13个和6.63个百分点。对于下季度，银行家消费价格预期指数为63.22%，较上季度和上年同期分别下降2.87个和13.22个百分点。居民消费价格预期指数为63.69%，较上季度和上年同期分别上升0.62个和0.12个百分点。其中，34.48%的银行家和35.50%的居民预期居民消费价格"上升"；57.47%的银行家和39.50%的居民预期"不变"。

（三）居民和银行家房价预期指数偏低，居民购房意愿持续回落

对于下季度房价，居民未来房价预期指数为42.15%，较上季度和上年同期

分别下降 1.27 个和 14.15 个百分点，是 2009 年二季度调查以来的最低值。居民未来 3 个月购买住房意愿为 13.25%，较上季度和上年同期分别下降 7.50 个和 6.25 个百分点。银行家房地产价格感受预期指数为 22.99%，较上季度和上年同期分别下降 9.77 个和 39.65 个百分点，是 2011 年调查以来的最低值。其中，预期房价"上升"、"不变"、"下降"和"看不准"的居民占比分别为 13.25%、46.00%、26.75% 和 14.00%。预期房价"上升"、"不变"和"下降"的银行家占比分别为 2.30%、41.38% 和 56.32%。

四、市场需求总体疲软，企业订单状况较为低迷

(一) 市场需求总体疲软

企业产品市场需求指数为 29.30%，较上季度和上年同期分别下降 2.53 个和 7.07 个百分点，其中，认为产品市场需求"供小于求"、"供求基本平衡"和"供大于求"的企业家占比分别为 3.03%、52.53% 和 44.44%。对于下季度，产品市场需求预期指数为 31.32%，较上季度和上年同期分别下降 2.53 个和 5.56 个百分点。

(二) 企业订单状况较为低迷

国内产品订单指数为 45.96%，较上季度和上年同期分别下降 1.52 个和 2.53 个百分点。出口产品订单指数为 50%，较上季度和上年同期分别下降 1.01 个和上升 3.54 个百分点。对于下季度，国内产品订单预期指数为 43.44%，较上季度和上年同期分别下降 7.58 个和 4.54 个百

分点。出口产品订单预期指数为 50%，较上季度和上年同期分别上升 1.01 个和 3.54 个百分点。

五、企业资金周转状况趋于改善，贷款需求增加，银行审批条件从紧趋势略有缓解，企业融资成本高位略降

(一) 企业销货款回笼速度放缓，但资金周转状况趋于改善

资金周转指数为 61.11%，较上季度上升 2.02 个百分点，较上年同期下降 1.01 个百分点。对于下季度，资金周转预期指数为 63.64%，较上季度上升 1.52 个百分点，较上年同期下降 0.51 个百分点。销货款回笼预期指数为 68.18%，较上季度下降 2.52 个百分点，较上年同期上升 0.51 个百分点。

(二) 贷款需求增加，银行贷款审批条件从紧趋势有所缓解

贷款总体需求指数为 71.26%，较上季度和上年同期分别上升 4.02 个和 2.87 个百分点；对于下季度，贷款需求预期指数为 74.14%，较上季度和上年同期分别下降 0.57 个和 1.15 个百分点。影响贷款需求量变化的主要因素为"市场需求变化"、"宏观政策变化"和"融资方向变化"，占比分别为 82.76%、63.22% 和 27.59%。

贷款审批条件指数为 47.13%，较上季度和上年同期分别上升 3.45 个和 2.30 个百分点。影响贷款审批条件收紧的主要因素为"宏观经济走势欠佳"、"企业经营状况下滑"、"信贷规划偏紧"、"银行内部风险标准提高"、"企业债务

比例较高"、"监管政策趋严",占比分别为68.42%、63.16%、39.47%、39.47%、23.68%和15.79%。

（三）企业融资难度感受指数回落，获得银行贷款难度仍较高

企业融资难度感受指数为42.43%，较上季度、上年同期均下降0.51个百分点，企业贷款获得难度指数为46.97%，较上季度、上年同期持平。对于下季度，企业融资难度预期指数为42.43%，较上季度持平，较上年同期下降1.52个百分点。贷款获得难度预期指数为45.46%，较上季度和上年同期分别下降1.01个和0.51个百分点。

（四）企业银行贷款利率水平指数回落，融资成本高位略降，预期成本指数继续下降

总体融资成本指数为56.06%，较上季度下降3.54个百分点，较上年同期上升1.01个百分点。企业银行贷款利率水平指数为52.02%，较上季度和上年同期分别下降5.05个和0.50个百分点。对于下季度，总体融资成本预期指数为53.54%，较上季度和上年同期分别下降3.03个和2.02个百分点。贷款利率水平预期指数为47.98%，较上季度和上年同期下降4.55个和3.54个百分点。

六、贷款质量指数偏低，企业和银行业经营低位徘徊

（一）银行贷款质量指数是2004年有调查以来的次低值

银行贷款质量指数为51.15%，较上季度和上年同期分别下降5.75个和10.92个百分点，是2004年有调查以来的次低值。对于下季度，贷款资产质量预期指数为58.05%，较上季度和上年同期分别下降7.47个和8.62个百分点。

（二）企业和银行业经营低位徘徊，盈利状况逐步改善

企业经营景气指数为58.59%，较上季度和上年同期分别下降3.03个和1.52个百分点。企业盈利指数为60.61%，较上季度和上年同期均上升5.56个百分点，其中，认为本企业盈利情况"增盈"的企业家占比为41.41%，较上季度上升6.06个百分点，企业"增盈"占比连续4个季度持续上升。对于下季度，企业经营景气预期指数为58.08%，较上季度和上年同期分别下降5.56个和5.05个百分点。

银行业景气指数为74.14%，较上季度上升1.73个百分点；较上年同期下降5.17个百分点。其中，51.72%的银行家认为经营"较好"，较上季度上升5.75个百分点，较上年同期下降6.90个百分点。银行业盈利指数为76.44%，较上季度和上年同期分别下降1.72个和7.47个百分点。对于下季度，银行业景气预期指数为78.16%，较上季度上升2.30个百分点，较上年同期下降4.02个百分点。

当前宁波市进出口情况调查及 2015 年展望

中国人民银行宁波市中心支行调查统计处

为了解、预判 2015 年宁波市进出口形势，人民银行宁波市中心支行对全市具有行业典型性的 80 家出口企业和 40 家进口企业进行了调查。2014 年，这 120 家企业进出口总量为 343.21 亿美元，占全市的 32.78%。结果显示，2015 年宁波市出口订单形势良好，出口规模将延续 2014 年下半年以来的增长态势，市场回暖力度较强；但进口因大宗商品价格下跌及内需不足等影响，筑底反弹难度较大。

一、出口订单增速较快，2014 年全年有望保持增长

从企业收汇情况来看，预收货款、订单融资等先行指标表现良好。2014 年四季度宁波市预收货款同比增长 35.55%，高于同期出口增幅 27.9 个百分点，预示全市出口将有良好开局；出口贸易融资已经连续两个月环比增长，增幅分别为

5% 和 1.5%，其中超过三成为订单融资。调查中，企业普遍对未来出口表示乐观，其中预测 2015 年一季度出口能够保持规模的企业占 80%，预计 2015 年全年出口增长的占 78.75%。

从订单形势看，过半企业订单稳中有增。80 家出口企业中，有 40 家企业（占 50%）在手订单较 2013 年同期出现增长，其中 15 家企业（占 18.75）增幅超 10%。例如，宁波威霖住宅设施有限公司公司在原美国、加拿大市场基础上拓展中东、智利等新市场，订单规模同比增加 10% 以上。22 家（占 27.5%）的企业订单与上年持平。例如，宁波海田控股集团有限公司反映，外商均为长期合作客户，订单量变化不大。另有 18 家企业（占 22.5%）订单出现下降，其中降幅超过 10% 的占 8.75%。例如，宁波东升船舶修造有限公司反映，往年同期该公司在建 4~5 条油船、货船，而目前在建仅有 1 条渔船。从订单周期来看，

81.25%的企业反映，订单普遍仍以3个月内短期订单为主。

从行业分布来看，传统优势行业表现抢眼。得益于国外消费品市场的需求回暖，订单增长集中于服装纺织、日用消费品、家电、汽配等传统优势行业，上述行业中反映订单增长5%以上的企业，占比分别为50%、54.5%、50%和64.3%。如大型服装制造企业宁波申洲针织有限公司反映，阿迪、耐克、彪马、优衣库等知名品牌客户订单均有约10%的增长。在订单下降行业中，船舶企业最为明显，6家被调查企业订单下降均超过10%以上。例如，宁波博大船业有限公司反映，企业已主动让价10%，但仍未接到订单。

从增长原因来看，订单增长的40家企业中，因外需回暖，企业主动开发新市场推动业务发展的有23家，占57.5%。例如，宁波格莱特休闲用品有限公司称欧美、亚洲客户需求均有明显增加，企业2015年出口规模预计增长5%~10%。因企业主动研发新产品、提升技术水平、挖潜内部管理等方式提升产品销路的13家，占32.5%。例如，宁波盛和灯饰有限公司2014年科技研发项目投入资金800万元，主要用于设计新型环保、建筑用大功率LED灯，帮助企业开拓了欧洲新市场，预计能新增出口额800万美元。因人民币汇率贬值、原材料成本下降等利好因素提升产品竞争力的有4家，占10%。例如，宁波萌恒工贸有限公司称，该公司服装生产原料涤纶丝等辅料价格下跌20%左右，使得产品价格竞争力增强。

二、进口价格下跌明显，规模增长困难较大

从进口贸易融资等先行指标看，2014年12月末进口贸易融资余额208.02亿美元，已连续4个月环比下降，预示进口存在下行压力。

从企业预期看，40家进口企业中，预计2015年一季度进口下降的企业有21家，占52.5%，其中降幅超过10%的占17.5%。例如，宁波华成阀门有限公司反映，2014年铜价累计下跌达15%左右，部分内销合同取消，企业进口量相应缩减。预计基本持平的11家，占27.5%。例如，宁波百丰选矿有限公司称，企业经营较为稳健，基本维持一定的进口规模，价格低多进口，价格高少进口。预计进口增长的仅8家，占20%，其中增幅超过10%的5家，占12.5%。例如，台塑工业（宁波）有限公司反映，企业2015年扩建项目投产7万吨，产能增长带动进口增长10%左右。但企业对全年走势比一季度乐观，预计增长的企业占比提高5个百分点，预计持平或下降的企业占75%。

从行业分布看，大宗商品进口降幅较大。21家预期下降企业集中于大宗商品贸易商、金属制品加工业、钢铁行业等行业，预计一季度进口规模下降超10%的企业占上述行业比重分别为27.3%、40%、50%。例如，宁波金盛纤维科技有限公司主要进口化学原料，该

公司称价格降幅已达 50%，国内需求锐减情况下企业会减少进口。8 家增长企业分布于化工、塑料制品等生产领域，主要原因是产能扩张、出口备货需要、原料外购比例提高等。例如，宁波三菱化学有限公司反映，2015 年企业将调整原料内外采购比例，进口比例将从 2014 的 40% 提高到 80%。

从原因看，价格下跌是进口规模下降的主要因素。调查显示，21 家下降企业中，52.4% 的企业反映是由价格因素引起，另有 57.1% 的企业表示进口数量不会下降。如宁波钢铁有限公司反映，受价格下跌影响，企业进口规模预计减少 15% 以上，但数量基本持平。当前市场需求疲软，企业的谨慎观望态度和去库存操作也是制约进口增长的另一因素。例如，齐合天地（宁波）再生金属有限公司表示将借机主动调整进口产品结构，减少黄杂铜等商品进口。

三、当前外贸经济的突出问题

（一）制造业企业盈利能力较弱，转型升级面临困难

相对于流通型出口企业的乐观预期，中小制造业企业由于灵活度较低，困难相对突出。据宁波凯越物产有限公司反映，两年前合作的 3000 家下游企业已有近三成无法联系。另据人民银行宁波市中心支行对 800 家宁波制造业企业调查，有 53.8% 的被调查企业正处于微利和亏损状态，有 44.3% 的企业利润率同比下滑 10% 以上。中小制造业企业用工成本上涨、市场需求不稳、转型困难等问题突出，并承受着发达国家制造业回归、发展中国家低成本承接产业转移的双头积压，仍将持续一段淘汰和洗牌过程。

（二）出口过于倚重低端消费品，部分行业起伏较大

从当前走势来看，宁波市出口增长较快的行业主要集中于服装、塑料制品、轴承、家具等低端传统产业。从原因来看，欧洲消费能力不足引发的"土豆效应[①]"、人民币适度贬值及生产原料价格下降是回暖主因，并非企业产品竞争力提升后的市场反弹，出口经济可持续发展能力尚弱。此外，产业结构不合理造成的行业波动问题突出，在前两年光伏产业低迷之后，造船业集体下滑，增加了外贸经济不稳定因素。

（三）进出口结构失衡严重，企业抗风险能力较弱

在美国退出 QE、欧洲经济不振背景下，大宗商品市场可能会持续低迷，进出口"跛脚"现象难以扭转。进口产品结构较为单一，消费品进口虽然增幅较快，但占比较低，贡献度较小。同时，部分实力较弱的进口企业缺乏对价格波动、汇率变化的有效应对措施，抗风险能力薄弱；部分企业产业结构调整不及时，如石化加工业普遍亏损，据宁波三菱化学有限公司反映，因下游聚酯产业不景气，上游产业端的 PTA 供过于求，2014 年亏损 3.3 亿元。

---

① 土豆效应：指的是可支配收入下降，舍弃高端产品转向中低端产品的现象。

企业融资成本下降，有效信贷需求不足

中国人民银行兰州中心支行调查统计处

为进一步了解甘肃省工业企业资金运营和融资需求情况，2015年1月中旬，人民银行兰州中心支行对甘肃省监测的111户企业进行了调查。

一、企业货款"票据化"现象突出，资金周转压力加大

2014年以来，甘肃省企业景气监测系统监测的111户重点企业应收账款不断增加，截至12月末，被调查企业应收账款净额较年初增长36.51%。同时，货款结算"票据化"现象比较突出，尤其是装备制造业，如兰州星火机床厂、兰州电机有限责任公司等银行承兑汇票收款比例均超80%；部分生产销售相对较好的企业如兰州佛慈制药有限责任公司，虽然严格控制收票比例，但票据收款也在50%以上。

2014年以来，受经济形势、产能过剩等多重因素影响，多数行业市场需求持续疲软，生产经营弱势运行，大部分企业减少预付货款比例，拖延货款支付。

尤其是大型企业，凭借在交易中议价能力较强的优势，不断加大票据付款比例，进一步拖延中小企业货款支付时间，加剧了产业链条中中小企业资金紧张。调查显示，被调查的中小企业2014年下半年开始资金状况持续恶化，应收账款净额和应付账款不断增加，截至12月末应收账款净额和应付账款较年初分别增长10.85%、10.18%。

二、企业融资成本下降，银行贷款仍是主要的融资渠道

目前，企业融资仍然主要依靠银行贷款。2014年，97.56%的企业主要的融资渠道是银行贷款，30.49%的企业通过银行承兑汇票进行融资，通过信托贷款、委托贷款等进行融资的不足10%。

在融资成本方面，企业普遍反映2014年1~11月融资成本较高，银行贷款平均利率在7.5%以上，对于一些生产经营状况不佳的企业，贷款利率已超过8.5%。2014年前三个季度，甘肃省银行

家问卷调查的 26 家金融机构贷款利率水平指数均在扩张区间，且不断上升，三季度达到 56.7%。11 月 22 日中央银行降息后，银行贷款利率普遍下调，抽样调查的银行分支机构新增贷款平均利率较年初下调 15%左右，明显低于民间借贷、小额贷款公司的融资成长，这也是企业把银行贷款作为 2015 年主要融资渠道的主要原因之一。

三、企业融资需求减弱，有效信贷需求不足

尽管银行贷款利率水平下降，但调查显示，实体经济融资需求并未增强。2014 年四季度，甘肃省银行家反映的企业贷款需求指数较三季度下降 6.7 个百分点，较上年同期下降 7.73 个百分点。据调查企业反映，71.42%的企业预计 2015 年将减少融资需求。对于减少融资需求的主要原因，50.72%的企业是因为预计产品销售前景不明朗，24.64%的企业是因为将缩小经营范围。对于融资用途，57.58%的融资用于补充经营性现金流、支付货款等日常经营需求，仅 37.12%的融资用于项目投资，由此反映出企业扩大投资意愿不强，生产信心不足。其原因：甘肃省工业企业中煤炭、钢铁等产能过剩行业和传统加工制造业占比较高，如兰州晶亮玻璃有限公司、西北腾达铁合金有限公司等，在预期 2015 年市场需求不振、产品价格下行、盈利能力下滑的态势仍将持续的情况下，多数企业投资观望情绪较强，扩大产能意愿较低，

融资需求意愿减弱。加上部分有信贷需求的企业因抵（质）押物不足，或行业受限等原因，尤其是房地产行业，无法形成有效信贷需求。

四、预计 2015 年企业综合融资成本仍然较高，银行信贷增速将受到影响

甘肃省工业企业中煤炭、有色金属、钢铁等产能过剩行业和传统加工制造业占比较高，因受经济下行的影响，大部分企业生产经营困难[1]，虽然银行贷款利率下调，但在预期 2015 年经济仍将弱势运行的情况下，对于这些亏损或微利行业来说融资成本依然较高。由于市场需求不振、企业盈利能力下滑的态势仍将持续，预计 2015 年银行信贷投放将更趋谨慎，贷款审批条件更加严格[2]，加上不对称降息后，部分银行为转嫁资金成本，可能提高贷款利率上浮水平，企业获取银行信贷资金难度有增无减，综合融资成本仍会较高。

执笔：李军　姜晓霞　史进学

---

[1] 企业景气监测系统显示 2014 年被监测的甘肃省 111 户企业 33.33%的亏损，9.9%的盈亏持平。

[2] 银行家问卷调查显示，2014 甘肃省银行贷款审批条件指数一直处于收紧区间。

2015年陕西省农民工就业状况调查报告

中国人民银行西安分行调查统计处

为了解 2015 年农民工外出务工意向，人民银行西安分行于 2015 年春节前，在陕西省 11 市（区）选取 1000 名农民工开展了问卷调查。调查显示，当前农民工务工收入明显增长，就业劳动保障有所改善；春节后农民工创业积极性显著提高，但仍存在创业资金缺乏、培训不足、对扶持政策了解不深入等问题，亟待相关政策支持。

一、样本基本情况

被调查农民工中，男性占 63.2%，女性占 36.8%。按出生年代分，1990 年后出生的占 16.3%，1980~1990 年出生的占 35.1%，1970 ~1980 年出生的占 30.8%，1970 年前出生的占 17.8%。按学历水平分，初中及以下占 29.3%，高中、技校或中专占 45.3%，大专及以上占 25.4%。按务工行业分，春节前，从事服务业的农民工占 39.1%，建筑、建材业占 28.8%，纺织、食品、服装加工等轻工业占 10.6%，电子、机械制造类占 16.3%，

农业及其他占 5.2%。

二、调查基本情况

（一）农民工收入明显增长，省内、外务工收入差距进一步缩小

调查显示，2014 年，农民工务工收入明显增长。按务工性质分，2014 年创业者平均月收入 5386 元，较上年增长 18.95%；打工者平均月收入 3397 元，较上年增长 14.30%。按务工地点分，在陕西省内务工者平均月收入为 3402 元，较上年增长 18.46%；东南沿海为 4050 元，较上年增长 13.83%；其他地区为 3962 元，较上年增长 14.22%。省内务工收入增速加快的同时，与省外收入差距进一步缩小，2014 年，省内与东南沿海和其他地区务工月收入差距分别为 648 元和 560 元，较上年分别缩小 38 元和 37 元。

（二）劳动合同签订率有所上升，农民工劳动保障有所改善

在外打工的农民工中，与用人单位签订劳动合同的农民工占 61.79%，较上

年上升 1.2 个百分点。在社会保险的办理上，工伤、养老和失业保险的办理比例均有所上升，分别占 35.06%、19.72% 和 6.92%，分别较上年上升 3.86 个、1.82 个和 1.32 个百分点；医疗保险办理比例略有下降，占 20.53%，较上年下降 1.37 个百分点。

（三）春节后农民工出省务工意愿仍有增强，向东南沿海流动热情不减

春节后，赴东南沿海地区务工的农民工占 25.00%，与春节前相比，上升 5.6 个百分点；在陕西省内务工的占 60.80%，较春节前下降 6.4 个百分点；在其他地区务工的占 14.20%，较春节前上升 0.8 个百分点。

（四）春节后农民工创业意愿明显上升，近五成创业者在离家较近的县、乡创业

对于春节后的务工意向，选择"创业"的农民工占 25.20%，与春节前相比，大幅上升 12 个百分点；选择"打工"的占 74.80%，较春节前下降 12 个百分点。在创业地点选择上，选择在"县城"创业的农民工占 35.32%，在"本地乡镇"创业的占 12.30%，在"地级市"和"省会或直辖市"创业的分别占 28.17% 和 24.21%。创业形式上，选择"独自创业"的占 47.22%，"合伙创业"的占 29.37%，"家庭创业"的占 23.41%。

三、当前农民工创业存在的问题

（一）近七成农民工对创业信心不足，资金匮乏、缺少好项目等问题较为普遍

对当前农民工创业的看法，42.80% 的农民工对此"说不清"，24.70% 的农民工表示"不看好"，有 32.50% 的农民工对此"比较看好"。对于创业面临的主要困难，选择"资金不足"的农民工占 75.9%；选择"没有好的创业项目"的占 52.5%；选择"经验和技术不够"的占 42.8%；选择"缺乏社会关系"的占 42.7%，选择"不了解国家政策"的占 20.6%，选择"相关手续烦琐"的占 20.8%。

（二）创业主动性和目的性欠缺，创业风险较大

问及创业的原因，年后创业的农民工中，因"打工收入少，无法满足生活需要"的占 59.42%，因"通过打工积累了一定的资金和经验"的占 39.5%；值得注意的是，因"就业困难"选择创业的占 31.71%，而因为"看到了市场机会"、"看到了身边创业成功的例子"和"国家扶持政策的吸引"分别占 28.46%、20.24% 和 16.77%。

执笔：左　奇

节后企业有序开工，
企业对经济形势预判趋于谨慎

中国人民银行绍兴市中心支行调查统计科

人民银行绍兴市中心支行对绍兴市300家重点工业企业问卷调查结果显示：节后企业开复工情况整体较好，正月初八即迎来了节后第一波开工潮，预计正月二十前，全市企业有望全面恢复生产。由于市场需求不足、生产成本增加等因素，企业对经济形势预判趋于谨慎。

一是开工计划安排有序。节后企业开复工情况总体良好，在正月初八前开工的企业达45%，预计至正月十二开工率可达到94.7%，元宵节前企业开工率将达到98.5%；在正月二十前，全市企业有望全面恢复生产。

二是生产订单略有减少。企业订单任务较上年略有减少，尤其是中长期订单不是十分饱满，调查企业中21.7%的企业反映当前订单饱满，67.8%的企业反映一般，10.5%反映订单不足。手持订单在6个月以上的企业只占7.2%，3~6个月的企业占12.0%，3个月以内的企业占80.8%。除一些产品市场认可度较高的企业外，大部分企业以短期订单为主。

三是产能发挥基本平稳。节后企业产能发挥与节前基本保持平稳，预计节后产能发挥达到60%以上的企业占92.2%，其中，达到80%以上的企业占44%，不足60%的企业占7.8%。从行业看，轻工、印染、织造和服装等部分行业受用工、资金等因素影响，产能恢复相对较慢；医药、热电、薄膜等行业，开工率相对较高，产能发挥较快。

四是要素制约依然突出。20%的企业反映资金面偏紧，个别企业资金缺口超过20%。企业招工难问题一定程度上依然存在，预计至正月初十，员工到岗率90%以上的企业只有47.6%，35%的企业反映招工难是影响企业发展的重要因素。同时，近20%的企业反映缺乏技术支撑成为制约企业发展的重要因素之一，主要集中在装备制造、医药、新材料等技术要求较高的战略性新兴产业。

那曲"三区"发展现状调查研究

中国人民银行那曲地区中心支行调查统计科

那曲地区青藏铁路物流中心、那曲高新技术开发区、西藏（那曲）综合保税区（以下简称"三区"）建设是全面贯彻落实 2007 年"两会"期间胡锦涛总书记关于"最大限度地挖掘青藏铁路的巨大发展潜力，最大限度地发挥青藏铁路的强大辐射作用"重要指示精神的具体体现，备受各方关注。2012 年温家宝总理、2013 年习近平总书记均专门批示或询问过那曲"三区"建设相关工作。目前，"三区合一"、"一园多区"的建设思路已经形成，相关园区的加快建设和有效运转将推动利用当地资源优势，发展特色优势产业，优化产业结构，提升产品质量，对于促进西藏加快发展、增强民族团结、维护社会稳定、巩固祖国边防具有十分重要的意义。调研组通过深入那曲物流中心管理局和部分落户企业进行实地走访调研，旨在如何进一步加强"三区"发展的金融服务工作，推进园区更好更快发展。

一、那曲"三区"基本情况

1. 青藏铁路那曲物流中心。2009 年 8 月，青藏铁路那曲物流中心正式挂牌，是世界最高海拔的物流园区，也是西藏占地面积最大、功能最齐全的物流园区。物流中心以青藏铁路那曲车站为中心，占地约 8000 亩，主要建有综合物流区、散堆装物流区、产品加工区三大功能区以及石油产品物流区、危险品物流区、笨大货物吊装区、生活区等配套功能区，建成后预计铁路运量 2020 年为 310 万吨/年，2030 年为 407 万吨/年。目前，物流中心签订协议企业 98 家，注册企业 65 家，入驻企业主要有雪山医药公司、诚意医药公司等医药类企业，皮革厂、肉联厂等加工类企业以及龙远风能公司等清洁能源类企业。挂牌 5 年来，物流中心已累计创造税收 7 亿多元。

2. 那曲高新技术开发区。为充分发挥物流中心辐射带动作用，在那曲地区地委、行署的支持下，那曲高新技术开发区从 2010 年末开始着手开展可行性研究、相关规划等申报工作。2012 年 10 月，西藏自治区政府正式下文批复成立西藏自治区级高新技术开发区；2013 年 3 月，自治区政府向国务院呈报了申报国家级高新技术产业开发区的相关资料。目前正按照相关申报要求，积极修改完善。2013 年 8 月，有关部门与 7 家科研院所签署了战略合作协议；2013 年 10 月，地区行署主管专员带队赴 5 个国家级高新技术产业开发区考察学习；2014 年，着手开展土地评估、地质灾害勘测和部分项目的招标工作。

3. 西藏（那曲）综合保税区。2011 年 10 月，区党委书记陈全国在那曲物流中心视察工作时提出了"在那曲建立西藏第一个综合保税区"的发展思路。2012 年 6 月，完成《西藏（那曲）综合保税区项目建议书》的初稿编制工作，并征求地委行署和拉萨海关意见后进行了修改完善。2012 年 11 月，国家海关总署工作组就"那曲设立综合保税区的必要性、设立条件等"进行了实地调研，随后自治区政府连续召开专题会议研究相关事宜，并决定着手启动综保区科研、规划等工作。2012 年 12 月，确定综合保税区选址，确定面积 1.14 平方公里。目前，正着手启动综合保税区相关设计工作，与海关总署接触，了解综合保税区申报程序，听取海关总署的意见、建议，并逐步完善资料。

二、那曲"三区"的发展优势

1. 区位优势。那曲"三区"以青藏铁路那曲站为交通枢纽，青藏公路 109 国道线横贯其中，是藏中经济区北部重要门户和窗口。西藏辖内，除山南地区外，那曲"三区"与其他五个地市均接壤，特别是下一步直接辐射昌都、阿里地区。

2. 资源优势。那曲地区素有"羌塘聚宝盆"之称，平均海拔 4500 米以上，是全国五大牧区之一。地区铁矿、铜矿等金属矿产蕴藏丰富，盐湖、石油储量巨大；牦牛、山羊、绵羊遍地，藏药材、矿泉水开发潜力大；风能、水能、太阳能等清洁能源开发潜力大。

3. 政策优势。西藏自治区先后出台《青藏铁路那曲物流中心招商引资优惠政策若干规定》及《实施细则》，明确相关投资企业可以在享受国家给予西藏的优惠政策和自治区的优惠政策的同时，享受财税、金融、工商行政管理、土地、户籍管理等多个层面更多更优惠政策。

4. 后发优势。那曲三个园区的建设虽然起步较晚，但通过充分学习借鉴相关发达园区的建设经验，有效规划产业集聚与结构产业，针对性开展制度移植与完善，科学推动技术模仿与创新，具有明显的后发优势。

三、 存在的问题

1. 优惠政策停滞。"三区"尚未形

成政策合力。高新技术开发区、综合保税区尚处于起步阶段，还没有实质性运转，也没有分别出台相应的优惠政策。"三区合一"目前仅实现了规划合一、地域合一，但就优惠政策而言，"三区"仍简单沿用物流中心招商引资优惠政策，尚未通过政策合力形成更新、更好、更大的政策吸引力。同时，2013年《财政部关于完善中央对西藏"收入全留"财政体制的通知》出台后，进一步加强了对招商引资优惠政策的规范管理，预计今后一定时期内，在财税政策方面将难以突破现行的优惠政策。

2. 基础设施仍不完善。一是电费昂贵，目前电力供应仍然在借用青藏铁路公司线路，青藏铁路公司按1.8元/度电的价格收取电费，造成企业支出成本预期加倍。如那曲瑞能有限公司、那曲景祥实业有限公司主要从事牲畜屠宰和皮革加工，从2009年在物流中心成立公司以来，到目前已经投入近3000多万元，但由于园区基础设施不全，特别是用电成本大，导致企业运转支大于收，目前处于亏损运营状态。二是生活用水、道路交通工具设施配套没有到位，使入驻企业职工工作生活很不方便，如每次到市区只能打出租车，一次就要支出交通费60元，种种原因造成园区入驻公司职员少或没有。

3. 园区管理、服务水平有待提高。一是园区管理机构权责不匹配。如2009年成立的西藏那曲物流中心管理局（以下简称物管局），代表那曲地区行署对物流中心实行封闭式管理，但物流中心的全部资产归青藏铁路公司所有；作为地区行署直属事业单位，缺乏行政权限，对于地方政府属地管理以及垂直管理的各类行政审批事项协调难度大；不是独立的经济主体，却要承担园区建设的部分资金筹措。二是物管局的管理人员主要是地方配调的干部，部分干部缺乏园区管理和经营所应具备的背景知识和实际经验，加之管理人员少，并需要兼顾高新技术开发区、综合保税区相关工作，工作推动难度大。

4. 园区有效信贷需求不足。据统计，园区注册企业只有30%在那曲地区商业银行开户，绝大部分开户行在拉萨，且到目前为止，"三区"开发还未发放一笔银行贷款。从物管局了解，目前还属于项目初建阶段，无较大的融资需求。从企业方了解，企业自身能提供的房产之类的抵押市场价值低，需要贷款的金额需求远高于抵押值，而目前也无第三方担保机构，普遍反映企业融资难。从商业银行方了解，那曲物流中心内注册的企业绝大部分为空壳公司，很多入驻企业只在每年6~9月在那曲经营运转，其他时间基本处于瘫痪状态，经营管理信息和会计财务信息不健全，报表不规范，固定资产规模小，抵押物价值与申贷金额不匹配以及抗风险能力弱。

执笔：次旦玉珍　王　卓

2014 年北京地区票据市场运行平稳

中国人民银行营业管理部调查统计处

一、票据市场运行基本情况

（一）再贴现申请金融机构数量明显增长，支持经济薄弱环节力度不断加大

2014 年，人民银行营业管理部进一步加强对再贴现业务管理，充分发挥再贴现资金引导信贷结构调整作用，鼓励金融机构积极将再贴现资金用于小微、涉农等企业，缓解小微、涉农企业融资难、融资贵问题。年初，将原有再贴现申请清单按企业规模、类型进行细分，将大型企业和中小微型企业分开处理，对中小微企业、涉农企业、中关村科技企业再贴现申请优先办理。

2014 年，人民银行营业管理部共为 35 家金融机构办理再贴现，同比增长 12.9%，其中，商业银行 11 家、财务公司 24 家，涉及票据 6157 张。全年累计发放再贴现金额 169.4 亿元，同比增长 9.7%。12 月末，再贴现余额 28.2 亿元，同比下降 14.1%，表明再贴现资金周转率明显提升。从再贴现资金投向看，中小

微企业和涉农企业票据占比近六成。

（二）银行承兑汇票市场平稳发展，股份制银行和城市商业银行成为主力军

2014 年，北京地区金融机构累计签发银行承兑汇票 6225.4 亿元，比上年同期增加 436.9 亿元，同比增长 7.5%。从全年各月看，银行承兑汇票签发额呈现明显波动特征，6 月、9 月、12 月签发金额明显增大，2 月、5 月、8 月、10 月则出现回落。签发银行承兑汇票能带动存款增长，季度末银行签发承兑汇票的热情高涨，导致签发金额明显增长。

受存款资金成本不断提高及存款竞争压力加大影响，股份制银行和城市商业银行等小型银行成为签发银行承兑汇票的主力军，全年分别签发 3267.9 亿元和 1860.4 亿元，占比分别为 52.5% 和 29.9%。四家大型商业银行签发 702.4 亿元，占比 11.3%。财务公司和其他银行分别占比 4.4% 和 2.0%。财务公司银行承兑汇票签发量明显上升，全年累计签发 271.3 亿元，同比增长 113.3%，占比较上年同期提高 2.1 个百分点。

12月末，银行承兑汇票余额2644.4亿元，比上年末增加248.1亿元，同比增长10.4%。银行承兑汇票也主要集中于股份制银行、城市商业银行，余额分别为1240.7亿元和849.9亿元，两者占比合计近八成。其余银行承兑汇票主要为四家大型商业银行、财务公司、外资银行等其他银行所持有。

（三）贴现市场持续活跃，金融机构票据供给意愿增强

2014年，北京地区金融机构累计贴现票据金额27937.5亿元，比上年同期增加11798亿元，同比增长73.1%。其中，直贴9083.2亿元，同比增长74%；买断式转入18854.3亿元，同比增长72.7%。从全年看，买断式转入发生额均远高于直贴发生额，成为贴现的主要方式。9月以来，在票据融资总量增长以及中央银行维持流动性宽松的有利条件下，金融机构积极开展票据转贴现业务以获取交易价差盈利，同时又能够灵活调节信贷投放规模，导致买断式转入交易活跃。

从金融机构类型看，股份制银行贴现发生额占比最高，全年贴现票据金额21263.4亿元，占比超过七成。其他依次为城市商业银行、其他银行、大型商业银行、财务公司。

12月末，票据贴现余额2010.2亿元，同比增长63.4%。其中直贴余额695.5亿元，同比增长12.4%；买断式转入余额1314.7亿元，同比增长115.1%。票据贴现余额增长明显，尤其是买断式转入增速加快，表明金融机构持票意愿明显提升。

票据贴现余额全年大体表现为上升趋势，年末余额比1月增加853亿元。从增速看，贴现余额上半年同比下降，下半年同比上升，12月余额同比增长63.4%。主要原因：年初银行信贷投放增长较快，票据融资供给下降，导致票据贴现增速下降。下半年，经济下行压力显现，商业银行贷款面临的信用风险加大，部分银行贷款资产总量和不良率双升，信贷投放更加谨慎，开始主动通过票据贴现业务替代一般性流动资金贷款，使得贴现余额在各项贷款中的比重逐步上升。12月末，票据贴现占全部贷款的比重为4.4%，比年初提高1.6个百分点。在经济下行周期中，期限较短、流动性较好、风险较低的票据成为银行调整信贷结构、维持信贷规模、维系客户关系的重要工具。

（四）回购式转贴现交易趋缓，同业监管政策效果显现

2014年以来，受市场对监管部门出台同业业务监管新政策较强预期影响，金融机构票据回购式交易意愿下降，交易量增长缓慢。年末回购式转入余额为2185.7亿元，同比下降14.2%，全年回购式转入发生额15323亿元，同比仅增长6.9%。

（五）票据市场利率整体震荡下行，融资利率持续回落

2014年，在金融机构流动性及票据市场供求关系变化等多重因素影响下，北京地区票据贴现利率总体呈现震荡下行和年末回升的运行态势。年初，受春节因素影响，票据贴现利率高位运行，3

个月以内期限的银行承兑汇票贴现加权平均利率为 7.4%，达到全年最高水平，此后逐步走低。二季度，中央银行维持公开市场净投放操作，并两次定向下调存款准备金率释放流动性，带动票据贴现利率持续下行。三季度，受缴存准备金及 IPO 重启影响，资金面趋紧，票据贴现利率有所回升，7 月，3 个月以内期限的银行承兑汇票贴现加权平均利率为 5.1%，比 6 月提高 0.37 个百分点。此后，随着资金面改善，贴现利率再度下行。12 月末，资金面趋紧，贴现利率小幅攀升，3 个月以内期限的银行承兑汇票贴现加权平均利率为 5.7%，比 11 月提高 1.35 个百分点。

从近两年情况来看，票据融资利率也趋向下行。2014 年前 5 个月，3 个月以内期限的银行承兑汇票贴现加权平均利率高于上年同期，但增幅逐渐收窄。从 6 月开始至 12 月末，利率均低于上年同期水平。票据贴现利率下降表明中央银行一系列维持流动性适度宽松及下调贷款基准利率的货币政策措施效果显现，市场资金面紧张状况不断改善，金融机构流动性较为充裕，切实推动企业融资成本持续回落。

同样受银行间市场资金面及票据供求关系影响，转贴现利率走势同贴现利率走势大体一致，表现为波动下行、年末回升。

二、值得关注的问题

（一）票据市场管理难度加大

在新常态下，票据市场呈现出票据业务跨市场发展、票据融资脱媒、票据市场参与主体多元化、票据业务资金化运作等特征，加大了票据市场管理难度。

（二）票据市场利率风险将会显现

在中央银行松紧适度的货币政策操作下，市场流动性总体将维持宽松状态。但受利率市场化进程加快、新股 IPO、监管政策变化预期等多种因素影响，市场资金面阶段性紧张情况也会时常出现，货币市场利率短期波动明显加大，跟随市场定价的票据市场利率风险将会不断显现。

（三）票据市场信用风险有所增加

2014 年以来，一些电商平台、专业票据网站开始进入票据市场，开展以银行承兑汇票为投资标的票据理财业务，如阿里巴巴的"淘宝理财"、新浪的"金银猫票据"、京东金融推出的"小银票"等票据理财产品，均受到投资者的青睐。这些电商平台、专业票据网站线上办理票据业务，缺乏有效监管，如果融资企业提供无效票据，或者资金用途不真实、质押票据被挪做他用、平台自身倒闭等，都会使承兑银行面临较大的信用风险。

湖北省企业融资成本和信贷满足情况调查报告

中国人民银行武汉分行调查统计处

为了解当前企业融资成本以及企业信贷满足情况，更好地发挥金融支持企业经营发展、服务实体经济的作用。人民银行武汉分行近期在湖北省内共选取了 327 家发生信贷业务的企业为调查对象，调查其融资成本状况，选取了 198 家未能从银行获取贷款的中小微企业为调查对象调查其融资难的原因；选取 28 家省级金融机构调查企业贷款需求及信贷满足情况。为了保证调查的客观真实，人民银行武汉分行在全省 17 个市（州）选择调查样本，直接通过被调查企业填报融资成本问卷，并采取实地走访和座谈相结合的方式，确保了数据真实源于企业。现将调查结果报告如下。

一、调查基本情况

（一）银行信贷满足情况良好，授信面整体提高

2014 年，湖北省信贷满足情况同比上升，11 月末，调查行共有 66224 家企业申请贷款，申请金额 26892.61 亿元，61958 户企业获得授信，授信金额 23220.89 亿元，授信覆盖面为 93.56%（以企业户数算）、86.35%（以授信金额算），较上年同期分别提高 0.57 个和 0.84 个百分点。

分规模看，中小微企业授信覆面均有所提高。2014 年 11 月末，大型、中型、小型、微型企业授信覆盖面（以金额计算）分别为 80.71%、90.76%、90.73%、94.60%。其中，大型企业授信覆盖面下降 4.13 个百分点，中型、小型、微型企业同比分别上升 7.94 个、0.60 个、2.95 个百分点。

分行业看，调查 13 个行业授信覆盖面均有所上升。授信覆盖面（以金额计算）最高的三大行业分别为电力、燃气及水的生产和供应业，文化体育和娱乐业，农、林、牧、渔业，授信覆盖面分别达到 98.42%、97.05%、95.81%，授信

表1　企业一年期贷款综合费用明细表

	金额（万元）	费用占比（%）	费率（%）
1. 银行收费	60375.15	95.94	6.70
其中：贷款利息	59965.82	95.29	6.65
银行服务费	409.33	0.65	0.05
2. 中介服务费	2369.95	3.77	0.26
3. 行政部门费用	184.45	0.29	0.02
合计	62929.55	100.00	6.98

注：银行服务费包括财务咨询费及信用评级费。

覆盖面较上年同期增幅较大的三大行业分别为居民服务和其他服务业，教育业，农、林、牧、渔业，较上年同期分别提高8.75个、7.84个、4.86个百分点。

（二）企业融资成本基本情况

据调查，企业融资成本主要包括银行贷款利息、银行服务费用、中介费用和政府行政部门费用等。327家调查企业419笔1年期贷款综合费用情况如表1所示，被调查企业银行贷款利息59965.82万元，占融资总成本的95.29%。企业1年期贷款平均利率为6.65%，上浮10.83%。

从纵向对比看，11月降息后，贷款利率下降明显。2014年11月降息后，1年期贷款下降40个基点，全省加权平均利率较降息前下降56个基点，四季度贷款利率明显降低。据调查，11月末，贷款加权平均利率环比下降25个基点，同比下降15个基点；其中，小企业贷款加权平均利率环比下降20个基点，同比下降19个基点。

二、当前融资难、融资贵的具体表现

虽然银行信贷满足率较高，但企业融资利率远高于美国和日本，企业融资难、融资贵问题依然存在，主要表现为结构性问题、融资异化。

（一）从银行体系看

从整体上来看，融资难与用信率下降并存。调查显示，四季度银行信贷审批条件指数为42.65%，同比下降3.92个百分点，2014年以来均处于50%的松紧分界线下。2014年，我国经济步入"新常态"时期，经济增速放缓、市场需求下滑，受此因素影响，企业实际用款情况有所下降，调查显示，共有50289户企业用信，用信率为81.17%（以户数计算），较上年同期分别下降3.21百分点。

从结构上看，部分行业融资难、融资贵问题突出。制造业贷款审批条件为44.12%，同比下降5.88个百分点，创近两年新低，而部分领域和部分优质企业的融资难度反而有所下降，企业融资两级分化现象日益突出。如农业，电力、

表2　分贷款方式企业平均利率　　　　　　　　　　　　　　（单位：%）

贷款方式	信用贷款	抵押贷款	质押贷款	担保贷款
利率	6.08	6.69	6.84	7.78
综合费率	6.10	6.91	6.85	10.11

表3　分企业规模企业融资成本　　　　　　　　　　　　　　（单位：%）

	大型	中型	小型	微型
银行费率	5.99	7.49	7.76	8.22
其中：利率	5.98	7.41	7.66	8.21
中介及行政部门费率	0.05	0.56	0.59	1.17
其中：中介服务费率	0.04	0.52	0.56	1.16
综合费率	6.04	8.05	8.35	9.39

燃气及水的生产和供应业的审批条件指数继续保持在松紧线之上，居民服务和其他服务业，教育业，农、林、牧、渔业类行业授信覆盖面较上年同期增幅较大，分别较上年同期提高8.75个、7.84个、4.86个百分点。特别是一些产品适销对路、还贷有保障的优质企业，商业银行贷款利率优惠甚至下浮，多家银行争相给予授信。

从规模上看，小微企业融资成本高于大型企业，基本利率上浮30%以上。11月末，湖北省各类小微企业61.5万户，占企业总户数的98.4%[①]，而小微企业贷款余额为4363亿元，占企业贷款余额比例为28%，信贷资源配置份额偏低、融资价格偏高是小微企业面临的突出问题；大型企业贷款平均利率为5.98%，下浮0.33%，中型、小型、微型企业贷款平均利率分别为7.41%、7.66%、8.21%，上

浮比例分别达到23.5%、27.67%、36.83%。

（二）从银行体系外来看

1. 担保贷款融资成本明显偏高。调查显示，担保贷款综合费用为10.11%，贷款利率达到7.78%，担保贷款平均中介费率为2.33%，调查中企业反映平均担保费率达到3%左右，一笔小微企业担保贷款综合费用一般为12%以上。

2. 中介收费和行政部门费用也是加剧小微企业融资贵的推手。小型、微型企业贷款的中介及行政部门费率分别为0.59%、1.17%，较大型企业高0.54个、1.12个百分点，小型、微型企业综合融资成本[②]分别为8.35%、9.39%，高出大型

---

① 数据来源：湖北省经信委。
② 包括银行贷款利息、银行服务收费、中介服务收费、行政部门收费。

企业 2.31 个、3.35 个百分点。

3. 民间融资中介机构收费较高。据调查反映，典当行业平均月息费率为 2% 多，对于动产质押典当业务，月综合费率为不超过当金的 4.5%；对于房地产抵押典当业务，月综合服务费率为不超当金的 3%；财产权利质（抵）押典当，月综合费率为不超当金的 2.7%。融资担保和小额贷款公司一般为一个法人两块牌子，小额贷款公司平均利率为 18% 左右，其中融资担保费率一般为 3%~5%。

(三) 贷款方式异变造成企业成本的不合理。

1. 企业被要求缴存保证金。部分银行机构要求企业缴存一定比例的保证金存款 (有时高达 50%)，导致企业仅使用部分贷款却要支付全额利息，融资成本被大幅抬高。

2. 多数银行采用"现金+票据"贷款组合。由于小微企业在市场中处于弱势地位，一般需要现金时只能选择贴现票据，增加企业财务成本。

3. 低效的续贷导致企业用款时间缩水。据襄阳市经信委反映，银监会《流动资金贷款管理暂行办法》、《个人贷款管理暂行办法》、《固定资产贷款管理办法》和《项目融资业务指引》（简称"三个办法一个指引"）出台后，银行加强了企业回款账户管理，在贷款未到期之前就冻结账户资金，1 年期贷款的实际使用时间平均缩水至 10.7 个月，直接抬高综合融资成本 1 个百分点。许多企业因周转资金不足，要通过民间借款等多方筹措资金以衔接生产。据调查企业反

映，"过桥资金"月息通常在 2~3 分，高的达到 3~5 分。

三、"融资难、融资贵"的主要成因分析

(一) 从金融体系来看

金融体系一些不合理的体制和机制是融资难融资贵深层次的原因。

1. 我国金融体系的直接融资与间接融资不协调发展。我国资本市场规模偏小，而且结构单一，缺乏层次性。企业通过增资扩股等方式难度较大，转而被迫寻求债务融资，企业负债率普遍偏高。相比股市和债市融资，贷款近几年增长较快。2011~2014 年，全国人民币贷款增量分别为 7.47 万亿元、8.2 万亿元、8.89 万亿元，贷款增速保持在 13%~15%，企业的杠杆率在不断放大。经济正常时期，企业融资难和融资贵的感受不明显，但在经济下行期，企业盈利能力弱化，即便是利率下降，企业也会感受到利息费用占企业利润较多，加之银行为控风险惜贷心理加重，企业融资难和融资贵的感受更为明显。

2. 服务于小微企业的基层金融机构发展不协调。基层金融机构竞争不充分，贷款定价存在垄断和乱收费等现象，增加企业融资成本。调查显示，仍有四成企业反映"以贷收费"、"存贷挂钩"、"以贷转存"、"借贷搭售"等不合规行为。另外，民营银行试点门槛过高，如要求主动发起人对剩余风险承担无限责任等，对民间资本进入金融领域起到一

定的制约作用，小额贷款公司转村镇银行制约条件也较多，专门服务于小微企业的社区银行发展不够，基层信贷供给主体多元化的局面难以形成。信贷门槛过高，小微企业短期依靠民间融资中介组织融资的方式较多，融资成本偏高。

3. 银行信贷资源配置结构不协调。一方面，银行贷款投向趋大、趋长，小微企业信贷资源配置较少。调查显示，大型、中型、小微企业贷款份额分别为34.92%、37.04%、28.04%，小微企业贷款资源配置较少。另外，全省中长期固定资产贷款持续快速增长。11月全省中长期固定资产贷款余额7729亿元，较年初增长976亿元，增幅14.5%。另一方面，政府平台等主体抬高市场融资成本。融资平台占用大量信贷资金，制约了对小微企业、"三农"等其他实体经济领域的信贷供给。据不完全统计，银行信贷资源1/5流向了政府性融资平台和其他债务性公司。同时，这些政府背景主体又通过信托、理财等方式，高回报率吸收资金，无形中拉升了无风险利率，进一步推高整个社会融资成本。

4. 银行贷款流程与小微企业布局不匹配。与小微企业广泛分布在市、县不同，银行机构在市、县一级的布局多数是二级分行或支行，其有限的审批权限延长了申贷周期。一般企业从申贷到放贷，大约有2个月的周期，遇月末、季度末等银行考核时点，小微企业贷款还要延期提取。

（二）从企业方面看

1. 企业现金流减少，偿债能力不足。

调查企业中，近25%的中小微企业贷款未获审批是由于其"经营状况欠佳，偿债能力不足"。当前企业应收账款状况仍未得到明显改善，两项资金占用上升，特别中小企业一般处于产业链低端或者采购末端，议价能力弱，核心企业、大企业可以利用自身优势、扣减中小企业回款资金，导致中小企业销售回笼趋缓，利润增长放缓，致使企业现金流减少，偿还能力不足，第一还款来源下降。

2. 抵押物价格缩水，还款来源下降。调查中，23.77%的企业认为申贷未批准的原因是"无抵押或抵押物不足，无担保或担保不足"，银行现在仍以房产等不动产抵押品为主，不符合银行放贷标准被拒之门外。一般抵押贷款中企业贷款金额为企业房产和土地等抵押物的一半左右，在当前房地产市场下行的背景下，贷款抵押物缩水风险增加，企业第二还款来源下降。

3. 撤保现象增加，影响企业授信面。目前，经济下行，企业出险情况不断增加，企业关停、倒闭、法人贷款逃逸、资金链断裂、涉及民间借贷的银行贷款户增加，区域信用环境劣化，担保公司为了规避代偿风险，提高担保门槛，有的甚至不再开展担保业务，导致保证贷款比重下降。

4. 区域风险上升，企业信用下降。本次调查中21.39%的中小微企业由于"信用等级低"而未通过贷款审批。信用观念淡薄、缺乏信誉是中小企业融资难的重要，特别是2014年以来经济压力较大，中小企业受到了直接冲击，个别中小企业还存在某些欺诈行为和由此引发的抽逃资金、拖欠账款、逃废银行债务、恶意偷、欠税等信用问题，导致了其在银行申请贷款受限。据湖北银行对全行信贷资产进行风险排查统计，共排查出风险信号客户 93 户，其中在排查活动开展前老板就已经失联"跑路"的 16 户。中宝百鑫因民间借贷造成资金链条断裂，法人代表"跑路"，企业经营只能由政府临时接管。

5. 银行规模管控和达不到银行放贷标准等其他因素影响企业难贷款。14.95% 的中小微企业由于"其他原因"而未通过贷款审批。9.41% 的企业认为申贷未批准的原因是"受银行贷款额度或审批权限的限制"。其他原因主要是"银企沟通不足，贷款资料不合乎银行标准"、"存在权属不清"、"参与民间融资"、"过度授信"等。例如，武汉方元环境科技股份有限公司抵押物权属不清，融资损益存在法律风险，被银行拒之门外。

(三) 从中介机构和相关部门来看

1. 相关部门收费项目众多，中小企业被"影子银行抬贷"。一是中介组织收费多，推高融资成本。主要包括抵押物评估费、担保费、财产保险费、法人人身意外保险费①。二是政府行政部门费用，包括抵押房地产的登记费、抵押土地权证登记费等②。例如，担保公司通过担保形式除了收取 2%~4% 不等的担保费外，有的还按担保金额的 10%~20% 收取企业保证金，这些保证金被担保公司作为银行风险担保金或被挪做他用，既增加了企业负担，也增加银行贷款风险。

2. 融资中介机构资质难获得银行普遍认，可导致重复评估。各家行均指定自己认可的评估公司，抵押评估报告实施"一行一评、一贷一评、限期使用"规定，增加抵押评估收费次数。

---

① 评估费由评估中介机构根据抵押品评估价值，分档次按比例向企业收取，评估值越高，费率越低，收费标准通常为抵押物评估金额的 0.1%~0.25%；担保费一般为贷款额的 1%~3%；财产保险费的前提是对抵押财产进行保险，一般为抵押物评估额的 0.1%~0.2%；法人人身意外保险费一般为保险金额的 0.3%~0.5%。

② 抵押房地产的登记费收费标准是每件 80 元，非住房登记的房屋权利人按规定申请并完成一次登记为一件，收费标准为每件 550 元、抵押土地权证登记费收费标准是住宅用地每件 100 元、非住宅用地每件 700 元。

2014年河南省表外融资增加较多

中国人民银行郑州中心支行调查统计处

当前表外融资[1]已成为表内贷款和直接融资的重要补充，是金融机构向企业提供资金的重要形式。为了解河南省表外融资增长情况、结构特点及变动原因，人民银行郑州中心支行对全省金融机构开展了调研。

一、表外融资是金融机构为企业提供资金的重要形式

2014年，河南省社会融资规模为6827.9亿元，同比多1136.7亿元。其中，表内贷款增加3969.6亿元，同比多增814.7亿元，占社会融资规模的58.1%，较全国平均水平低3.6个百分点；表外融资合计增加1767.1亿元，同比多增408.9亿元，占社会融资规模的25.9%，较全国平均水平高8.2个百分点；非金融企业境内债券及股票融资890.7亿元，同比少51.4亿元，主要是企业债券大量兑付，导致净融资额不及2013年，占社会融资规模的13%，较全国平均水平低4.2个百分点。2014年，企业通过金融机构表外融资获取的资金总额是通过企业债券和股票融资额的2倍，已成为仅次于金融机构表内贷款的融资方式之一。

二、表外融资中小微企业及制造业占比提高

一是超过30%的新增表外融资投向小微企业。通过调查汇总的数据显示，2014年新增表外融资中投向大型、中型、小微型企业的占比分别为29.9%、38.7%和31.4%，其中，小微型企业占比较2013年提高1.4个百分点。二是新增银行承兑汇票和信托贷款[2]主要投向制造业、批发和零售业、水利环境和公共设施管理业以及建筑业。上述4行业占比分别为24%、23.9%、15.8%和13.4%，其中制造业占比较2013年提高5.5个百分点。河南省表内贷款结构数据显示，表内企业贷款新增额中，小微企业占

---

[1] 表外融资指委托贷款、信托贷款及未贴现的银行承兑汇票。

[2] 委托贷款分行业数据暂未得到。

48.9%，较2013年下降9.8个百分点。表内产业贷款新增额中，制造业仅占4.1%，较2013年下降23.6个百分点。主要是2014年以来，受经济下行和部分行业产能过剩的影响，小微企业和制造业贷款不良风险加大，部分制造业企业利润因为需求下降和成本上升而出现萎缩。金融机构调整贷款结构，有意控制或退出了这些风险较高的领域。如果制造业或小微企业风险增大，表外风险就会向表内转移。

三、不同表外融资方式增长趋势出现分化

（一）委托贷款增长较快

2014年，河南省委托贷款增加879.6亿元，同比多增302.6亿元，占社会融资规模的12.9%，较上年同期提高2.7个百分点，较全国平均水平低2.4个百分点。其中，以住房公积金为主的地方其他委托贷款增加124.1亿元，同比少增30.3亿元；企业委托贷款增加368.2亿元，同比少增34.5亿元；而金融机构委托贷款增加410.2亿元，同比多增381.7亿元。由于证券公司定向资产管理计划、商业银行理财产品等的飞速发展，金融机构当前已成为委托贷款资金的重要来源。2014年末，扣除住房公积金后，河南省金融机构委托贷款基金占一般委托贷款基金的45.6%，其中包含SPV的其他金融机构委托贷款基金占19%。2015年1月，银监会发布《商业银行委托贷款管理办法（征求意见稿）》，要求

金融机构办理委托贷款业务时，委托人不得为金融资产管理公司和具有贷款业务资格的各类机构，如果该办法正式实施，按照这一规定，金融机构委托发放的贷款规模将会大幅收缩。

（二）信托贷款增量大幅收缩

2014年，河南省信托贷款增加80.3亿元，同比少增188.5亿元，占社会融资规模的1.2%，较上年同期下降3.5个百分点，较全国平均水平低2个百分点。河南省信托公司在2008~2011期间保持平稳的发展态势，信托贷款年增量逐年增加，从33.8亿元增至148.2亿元。2012年，受银信合作快速发展的推动，信托贷款规模迅速扩张，当年新增401.8亿元，增幅达到86.4%。此后受监管趋紧及竞争加剧影响，信托贷款逐年回落，2013年、2014年分别增加268.8亿元和80.3亿元。2014年信托贷款增量大幅收缩的主要原因：一是受证券公司资产管理计划和基金子公司对信托公司竞争加剧的影响，信托资产增速大幅放缓。2014年，河南省信托资产同比仅增长15.1%，较2013年回落34.4个百分点。而根据中国证券业协会公布的数据，2014年末证券公司受托管理资金本金总额同比增长53.3%。二是银信合作逐渐被规范。2014年1月国务院办公厅《关于加强影子银行监管有关问题的通知》以及2014年4月银监会办公厅《关于信托公司风险监管的指导意见》均要求信托公司不得开展非标准化理财资金池等具有影子银行特征的业务，对已开展的业务也要求限期整改。受此影响，信托公

司通道类业务规模大幅收缩，例如，中原信托2014年非自主研发类业务规模为334亿元，同比减少413亿元。三是在实体经济下行，证券市场走势较好，以贷款为主的银信合作减少等因素的共同推动下，信托公司对贷款的资产配置占比下降。2014年末，河南省信托资产中信托贷款占比为51.6%，分别较2012年和2013年下降13.4个和5.7个百分点。

（三）未贴现的银行承兑汇票先增后减

2014年，未贴现的银行承兑汇票增加807.2亿元，同比多增294.8亿元，占社会融资规模的11.8%，较上年同期提高2.8个百分点，较全国平均水平高12.6个百分点。1~6月未贴现的银行承兑汇票增加1187.2亿元、7月以后银行承兑汇票累计减少380亿元，未贴现的银行承兑汇票全年呈现先增后减走势的主要原因：一是银行承兑汇票签发具有较强的季节性，2012年、2013年上半年未贴现的银行承兑汇票新增额分别占全年增量的82.5%和70.3%。二是监管趋紧，金融机构降低表外业务规模，向表内回归。2014年10月银监会下发《关于加强商业银行存款偏离度管理有关事项的通知》(银监办发〔2014〕236号)，要求金融机构不得将贷款资金作为保证金循环开立银行承兑汇票并贴现，虚增存贷款，使得金融机构开办银行承兑汇票业务的意愿有所下降。下半年，河南省票据融资增加149.6亿元，增幅达24.4%，较上半年多增155.5亿元。

湖北省小额贷款公司经营情况调研

中国人民银行武汉分行调查统计处

近期，人民银行武汉分行联合省发展改革委、经信委相关部门在湖北辖内组织开展了企业融资成本为主题的调研活动。作为调研的重要内容之一，联合调研组赴襄阳、十堰就小额贷款公司的融资情况深入调研。同时，在湖北省范围内组织98家小额贷款公司的294家企业客户填写"融资情况问卷调查表"，以便了解小额贷款公司的资金需求、用途及融资成本等情况。现将相关情况汇报如下。

一、企业对小额贷款公司的资金需求旺盛

中小企业的银行融资需求满足率偏低、审贷周期较长是小额贷款公司资金需求旺盛的主要原因。据了解，受旺盛的非市场化投资需求挤占及自身弱质性等因素影响，中小企业在银行的信贷满足率普遍较低。在298家调查企业中，银行的融资需求满足率①在80%~100%、50%~80%及50%以下的企业家数占比分别为9.1%、39.2%和51.7%。同时，为控制信贷风险，商业银行对具备贷款资质的企业普遍执行严格的审贷流程，申贷周期偏长。如在银行获得贷款的262家调查企业中，分别有150家 (57.2%)、55家 (21%) 和29家 (11.1%) 企业反映"自提出融资申请到获得银行贷款"的平均时间在1~3个月、4~6个月和6个月以上，仅有10.7% (28家) 的企业在1个月以内获得银行信贷资金。

现实生产经营活动中，企业用于经营、续贷周转和偿还账款的资金需求具有"短、频、快、急"的特点，而银行偏低的融资需求满足率、较长的审贷周期难以对接用款需求。与之对应，小额贷款公司经营灵活，放款速度快，因而资金需求旺盛。在298家调查企业中，有269家企业 (90.3%) 反映在小额贷款公司"自提出申请到获得资金"的时间不超过半个月②。

---

① 已获融资规模在申请融资金额中占比。

② 有172家企业 (57.7%) 的融资需求在一周内得到满足。

表 2014 年 11 月末样本企业客户融入资金的期限结构 （单位：亿元）

贷款期限	余额	1~11 月累计发生额	1~11 月发生次数
1 个月以内	0.85	1.96	80
1~3 个月	1.79	2.86	108
3~12 个月	5.82	6.77	217
12 个月以上	0.22	0.22	7
合计	8.68	11.81	412

二、信贷资金主要用于企业日常经营、项目投资和续贷周转，期限以 3~12 个月为主

企业在小额贷款融资主要用于维持日常生产经营、进行项目投资和续贷周转等目的。298 家调查企业中分别有 105 家、87 家和 61 家反映在小额贷款公司提出的融资需求主要用于满足日常经营、项目投资和续贷周转，三类用途合计占调查企业的 84.9%。

就期限结构而言，企业的贷款期限主要集中在 "3~12 个月"。截至 11 月末，298 家调查企业在小额贷款公司的贷款余额 8.68 亿元。其中，期限在 3~12 个月范围内的贷款余额 5.82 亿元，余额占比为 67.1%；前 11 个月，调查企业在小额贷款公司累计办理贷款业务 412 次，累计融入资金 11.81 亿元。其中，期限在 3~12 个月内的贷款有 217 笔，累计发生额 6.77 亿元，分别占小额贷款公司业务总量和累计贷款规模的 52.7% 和 57.3%。

三、资金价格差异性大

据了解，企业在小额贷款公司办理贷款业务时涉及的费用主要有利息支出、手续费、评估费和保险费等。2014 年前 11 个月，在调研企业部分新增的 376 笔贷款业务中，除利息费用外，有 39 笔贷款要求缴纳手续费，6 笔涉及评估费和保险费，利息支出是企业融资费用的主要构成部分。在 376 笔业务中，客户企业利息支出、手续费用、评估及保险费分别合计 0.95 亿元、0.0093 亿元和 0.0009 亿元，利息费用在综合融资支出中占比为 98.9%[①]。

企业融资成本普遍较高。初步测算，样本贷款业务中期限在 1 个月以内、1 (含 30 天) ~3 个月、3 (含 90 天) ~6 个月、6 (含 180 天) ~9 个月和 9 个月 (含 270 天) 以上贷款的综合融资成本 (年率) 分别为 35.7%、23.8%、22.1%、16.6% 和 14.4%，总体而言，融资期限越短，资金价格越高。不同企业间的融资成本差异较大。例如，武汉市帕沃电源设备有限

---

① 综合融资支出包括利息费用、手续费、评估费和保险费。

公司在某小额贷款公司贷款 500 万元，期限 7 天，缴纳利息费用 9 万元，融资成本折年率为 93.9%；又如，武汉海尚万汇商业投资有限公司贷款 500 万元，期限 7 天，融资利息支出 1 万元，年化融资成本为 0.4%。

四、小额贷款行业发展面临的突出问题

（一）小额贷款公司定位不清

一是公司属性不明。从业务经营看，小额贷款公司属于非银行金融机构，但其税赋参照普通工商企业征收，导致税费压力较大。目前，小额贷款公司按营业收入的 5.6% 缴纳营业税金及附加，按利润总额的 25% 缴纳所得税，高于提供同类金融服务的农村商业银行税率水平[①]。二是发展方向不明。发展前景不明朗制约部分小额贷款公司注资扩张，抑制小额贷款行业发展壮大。三是监管主体不明。当前多部门联合监管中监管过度、监管缺失等现象时有发生。

（二）小额贷款公司资金来源不足

当前，小额贷款公司贷款业务的资金来源主要是股东缴纳的资本金和留存收益。座谈小额贷款公司反映，只有少数公司能从国开行（为主）和农业银行湖北省分行获得贷款，且贷款利率较高。例如，随州中心支行反映，该市辖内的 13 家小额贷款公司中仅有 3 家在国家开发银行省分行融资，贷款期限 2 年，综合融资成本达 9.1%。2014 年以来，商业银行逐步压缩该行业的授信规模，导致

融资难度更大、成本更高。据十堰市某小额贷款公司反映，为补充资金，该公司向某中介金融机构融资 3000 万元，综合融资成本达 18%。

（三）不良贷款增加较多

在经济下行背景下，企业普遍经营困难、盈利空间收窄，小额贷款行业的信贷风险加大。2014 年，湖北省小额贷款行业不良贷款率为 0.43%，较上年提高 0.32 个百分点。座谈小额贷款公司普遍反映，当前行业内企业主客户"跑路"失联现象增多，存续业务办理展期、续贷现象加剧，收息难度加大，资产质量形势较为严峻。行业内惜贷、慎贷情绪有所显现，贷款业务出现收缩。2014 年，湖北省纳入报数系统的小额贷款公司新增贷款 60 亿元，同比少增 61 亿元，近年来首次同比少增。

执笔：段　鹏

---

① 农村商业银行的税率为 3.3% 的营业税金及附加和 12.5% 的企业所得税。

纺织行业增长继续放缓，企业预期依然不乐观

——2014年浙江省纺织行业监测报告

中国人民银行杭州中心支行调查统计处

纺织业是浙江传统优势产业，其总产值占浙江省全部工业总产值的比重高居各行业之首。浙江省的纺织业在全国也一直处于领先地位，从业人员数、出口交货值、主营业务收入等均居全国前列[①]。2014年，浙江省纺织业增长总体放缓，其中资产规模、生产、销售、出口、库存、盈利增速均有所回落，但财务费用同比明显下降，亏损面和亏损额与上年基本持平。终端需求疲软、行业产能过剩，原材料价格持续下行，行业风险持续蔓延是当前面临的主要问题。2015年浙江省纺织业外部环境略有改善，但企业预期仍不乐观，成本压力依然较大，但有利因素正在增多，企业转型升级持续推进，行业风险可能进一步上升。

一、浙江省纺织行业总体增长趋缓，企业经营压力较大

（一）资产规模增速回落，从业人员同比继续下降

2014年末，浙江省纺织业资产总计5327.1亿元，同比增长4.2%，较上年同期和1~9月回落0.5个和0.1个百分点；主营业务收入5780.6亿元，同比增长3%，较上年同期和1~9月回落4.2个和0.4个百分点；从业人员76.5万人，同比下降2.7%，降幅较上年同期扩大1.8个百分点，已连续3年同比负增长（见表）。

（二）生产、销售、库存增长放慢，其中生产、销售增速低于库存

2014年，浙江省纺织业工业总产值

[①] 2013年末，浙江省规模以上纺织企业出口交货值1173亿元，居全国第一位；从业人员77.7万人，主营业务收入5629亿元、工业销售产值5649亿元，均列全国第三位。

表　浙江省纺织产业规模情况

	资产总计 （亿元）	同比增长 （%）	累计主营业务收入 （亿元）	同比增长 （%）	从业人员 （户）	同比增长 （%）
2013Q1	4915.0	7.3	1094.5	10.8	76.0	−0.9
2013Q2	5012.5	4.7	2576.2	9.9	77.7	−0.7
2013Q3	5120.6	4.8	4047.6	8.3	77.5	−0.7
2013Q4	5221.9	4.7	5629.5	7.2	77.7	−0.9
2014Q1	5191.0	4.1	1128.7	1.7	76.1	−2.6
2014Q2	5273.5	4.3	2669.2	2.8	77.4	−2.5
2014Q3	5238.4	4.3	4174.2	3.4	76.5	−2.7
2014Q4	5327.1	4.2	5780.6	3.0	76.5	−2.7

数据来源：浙江省统计局。

6028.4亿元，同比增长3.6%，较上年同期和1~9月回落4.8个和0.3个百分点；工业销售产值5851.7亿元，同比增长3.6%，较上年同期和1~9月回落3.7个和0.4个百分点；产成品库存377.6亿元，同比增长4.4%，较上年同期和1~9月回落3.3个和1.1个百分点。

（三）出口欧美增速下滑，出口日本继续负增长

2014年，浙江省纺织业出口同比增长6.6%，较上年同期和1~9月分别回落6.5个和1.9个百分点。其中，出口欧盟同比增长10.2%，较上年同期和1~9月回落1.7个和3.1个百分点；出口美国同比增长4.5%，较上年同期和1~9月回落3.4个和0.8个百分点；出口日本继续负增长，同比下降1.2%，但降幅较上年同期收窄4.4个百分点。新兴市场国家中，孟加拉国、印度尼西亚、印度增长较快，分别为21.6%、20.6%、17.5%。

（四）企业税负压力加大，但财务费用同比下降

2014年，浙江省纺织行业税金总额[①]同比增长7.5%，高于同期利润增速0.8个百分点；而上年同期税金总额同比增长13.0%，低于同期利润增速6.1个百分点。在可征对象减少的情况下，为完成全年的征税任务，相关部门由原来的藏税于民向应收尽收转变，缴税企业压力明显增加。

企业银行贷款余额和利息支出与2013年基本持平，但财务费用同比大幅下滑6.4%。部分企业生产经营困难，勉强维持利息支付，无力为银行提供额外回报，银行迫于无奈减免企业信贷管理费用，是财务成本负增长的主要原因。

（五）利润总额增速放缓，亏损企业亏损总额有所上升

2014年，浙江省纺织企业利润总额

---

① 税金总额为主营业务税金加本年应交增值税。

同比增长 6.7%，较上年同期和 1~9 月下降 12.4 个和 0.9 个百分点；亏损总额同比增长 19.2%，而上年同期为-19.9%；亏损面①和亏损深度②分别为 10.6%和 5.1%，与上年同期基本持平。

（六）棉花价格大幅下行，化纤原料价格跌多涨少

2014 年末，国内"328 级"现货报收 13605 元/吨，较上年末大幅下降 30.4%；CotlookA 指数报收 70.1 美分/磅，较上年末大幅下降 21.9%；而化纤类原料价格除腈纶短纤、粘胶长丝小幅上涨 5.1%和 4.0%以外，其余全线下跌，其中聚酯切片、涤纶短纤、涤纶 POY 跌幅均超过 20%。

二、当前纺织行业需要关注的问题

（一）终端需求疲软，行业产能过剩

调查显示，四季度 20.1%的企业接到产品订货量低于正常水平，其中 16.9%的企业出口订单低于正常水平，分别高于上年同期 2.5 个和 1.8 个百分点；与此同时，四季度企业产能利用率 76.6%，低于上年同期和 1~9 月 0.8 个和 1.0 个百分点，其中 46.1%的企业认为产品需求减少，订单不足是企业生产能力没有充分发挥的主要原因。如绍兴 RF 纺织有限公司反映 2014 年企业生产量下降 12%，企业现金流从 2013 年的 2000 万元降至 2014 年的 600 万元，嘉兴 JT 喷纺企业反映往年春节提前 10 天放假，2014 年因订单不足提前 20 天放假。

（二）原材料价格持续下行，未对企业形成实质利好

一是产成品销量下滑。原材料价格下行，下游企业观望情绪浓厚，多按需采购，以小规模订单为主，需求萎缩，库存增加。嘉兴 BD 喷织有限公司反映，受原材料价格下行影响 2014 年企业产成品存货同比上升 20%，利润总额同比下降 1.5%。二是产成品价格走低。浙江省纺织业以低附加值产品为主，企业议价能力较弱，再加上当前供求矛盾突出，原材料价格下跌直接带动产成品价格走低。据 HX 股份有限公司反映，企业原材料价格下降 3%，产成品价格同步下降 3%。三是存货面临跌价损失。

（三）行业风险蔓延，担保链仍是主要风险点

2014 年浙江省纺织业不良贷款余额 72.8 亿元，同比增长 13.4%；不良率 2.8%，比上年同期提高 0.4 个百分点，高于同期全行业平均值 1.4 个百分点。从出险企业看，以纺织企业最为集中的绍兴为例，2014 年绍兴出险纺织企业 69 家，占所有出险企业的 32.9%，分别高于上年同期 46 家和 6.2 个百分点，其中涉及担保链的占 46.4%，经营不善的占 37.7%，对外投资过大或负债过多的占 15.9%，法定代表逃逸或企业内部矛盾的占 8.7%，涉及民间借贷的占 4.4%。

---

① 亏损面=亏损企业数量/全部企业数量。

② 亏损深度=亏损企业亏损额/全部企业利润总额。

三、2015 年浙江省纺织业展望

（一）外部环境略有改善，企业预期仍不乐观

世界银行 2015 年 1 月 15 日发布的《全球经济展望》预计 2015 年全球经济增长 3%，较 2014 年小幅回升 0.4，但低于 2013 年 6 月 3.4% 的预测值，预期 2016 年和 2017 年全球经济增长分别为 3.3% 和 3.2%。其中，发达经济体的增长日益两极分化，发展中经济体将受益于油价下跌和美国经济走强。但调查显示，纺织企业预期仍较为谨慎，预期下季度企业综合经营状况"良好"的企业占 20.3%，较上年同期和上季度分别回落 4.0 个和 8.0 个百分点，而预期"不佳"的企业占 12.5%，较上年同期和上季度分别提高 0.9 个和 5.7 个百分点。

（二）成本压力依然较大，但有利因素正在增多

2015 年纺织企业的劳动力、能源、环保、研发等成本压力依然较大，但一些积极的、有利的因素正逐步增多：一是随着国家棉花直补新政出台，国内外棉花价差继续收窄，有利于棉纺企业降低成本，提升竞争力；二是部分企业反映当前招工仍然困难，但工资增长趋于放缓；三是 2015 年 1 月 1 日纺织品服装出口退税率从 16% 提高至 17%，实现全额退税，浙江省棉花增值税高征低抵扣

问题已经得到解决；四是部分企业环保的前期投入已经完成，后续的维护成本相对较低。

（三）转型升级持续推进，结构调整不断深化

近年来，传统的纺织产能过剩较为严重，低端产品国内外竞争异常激烈，企业利润空间不断被挤压，许多企业积极求"变"，通过多种方式转型升级，如加大研发投入，从低端、低附加值产品向高端、高附加值产品转型；加强产业链的整合，从原料到品牌，从研发到销售，密切上下游关系，建立战略合作关系；创新营销方式，通过电商平台、线上线下等多种途径开拓销售渠道等。2015 年外部环境未明显改善，为了更好地生存和发展，纺织企业转型升级将持续推进，结构调整会不断深化。

（四）纺织业风险可能进一步上升

2015 年浙江省纺织企业经营仍较为困难，而大部分银行对纺织业总体较为谨慎，多采用"保持总量、调整结构"的方针政策，再加上企业间的信用萎缩，纺织企业，尤其是对外投资较多的纺织企业资金链趋紧。与此同时，企业贷款中保证方式贷款占比仍然较高，且企业存量债务中担保形式负债仍占有较大比例，而且对前期担保企业的处置以"时间换空间"形式较多，并未彻底化解风险，后期纺织业风险仍可能进一步上升。

受五大因素影响，
钢铁行业中长期形势不容乐观
——河北省钢铁行业专项调查

中国人民银行石家庄中心支行调查统计处

一、2014年河北省钢铁行业基本情况

（一）河北省钢材产量较上年小幅攀升

2014年河北省钢材产量23995.2万吨，同比增长5.1%，占全国总产量的21.3%；粗钢产量18530.3万吨，同比下降0.6%；生铁产量16932.6万吨，同比下降1.0%。

（二）大型钢企利润出现较大幅度增长

2014年四季度大型钢铁企业利润大幅增长，根据对河北省201户重点工业企业景气调查系统中13家大型钢铁企业的调查，截至2014年11月末（因部分上市公司审计原因12月数据尚未公布），13家大型钢企主营业务收入2455.3亿元，同比下降7.2%。主营业务成本2236.7亿元，同比下降8.7%；利润总额48.4亿元，同比增加22.4亿元，增长86.7%。河北省冶金行业协会数据显示，四季度河北省钢铁行业新订单和产出指数明显回升，12月河北钢厂的新订单指数为46.7%，环比上升7.6个百分点。

（三）钢铁行业景气状况未发生根本性转变

河北省冶金行业协会公布的12月钢铁行业PMI（采购经理指数）为48.2%，环比上升6.1个百分点，连续8个月收缩，虽然有所反弹，但是距2014年全年高点52.1%仍有一定距离，处于50%以下的收缩区间，同时钢铁产品的价格依然处于下降通道。因此，从中长期看河北省钢铁行业景气状况未发生根本性转变。

二、影响 2014 年河北省钢铁行业运行的五个因素

(一) 铁矿石、焦炭等原材料价格一路走低利好钢铁企业

调查显示，大型企业盈利状况的好转并非完全得益于钢铁行业基本面的好转，原材料价格大幅下降成为大型钢企利润好转的重要因素。

一是铁矿石价格持续走低形成利好。2014 年以来，国际矿山巨头持续高产，铁矿石市场供大于求，进口矿价一路下跌，2014 年 11 月末品位 62% 的铁矿石价格指数报 68.5 美元/吨，接近年初 130 美元/吨的一半水平，且仍有较大的下降空间。河北省冶金协会数据显示，1~12 月，普钢绝对价格指数下跌了 10.5%，进口矿价格指数下跌了 26.6%，矿石价格跌幅相当于钢价跌幅近 2 倍。

二是焦炭价格下降进一步降低了钢铁生产成本。受房地产、钢铁以及相关行业景气度下行影响，近年来国内资源类原材料价格大幅下降，2014 年 12 月唐山地区焦炭价格降至 1150 元/吨，比 2013 年末价格下降了 390 元/吨，同比下降 25.3%。按照吨钢用焦 0.51 吨来计算，每吨钢材平均成本下降 198.9 元，从而形成对钢铁生产企业的隐性利好。

(二) 随着国际市场的开拓，钢材出口大幅度增长

据石家庄海关统计，2014 年河北省钢材出口 631.7 亿元，同比增长 60.9%，占同期河北省出口总值的 28.8%。钢铁板材出口 248.3 亿元，同比增长 69.1%；钢铁棒材出口 225.8 亿元，同比增长 1.4 倍。国际市场的开拓有效缓解了国内钢材市场的供给压力。

河北钢铁集团深入推进产品升级和结构调整，提高高附加值、高技术含量产品比例。2014 年出口钢材 660 万吨，出口比例大幅提升 43% 的同时，努力加大高附加值产品出口比例。2014 年，河北钢铁集团高附加值钢材出口比例达 26.5%，较 2013 年提高 10.8%，实现大幅度增长。

(三) 存贷款基准利率下降对钢铁行业形成短期利好

2014 年 11 月 22 日起，人民银行下调了金融机构人民币贷款和存款基准利率，这一举措提高了钢铁企业的盈利水平，对钢铁行业形成利好。

一是降低了钢铁企业融资成本。2014 年 12 月末，河北省内各金融机构对黑色金属冶炼及压延加工业中长期贷款余额为 494.6 亿元，按照利率水平下降 0.4 计算，钢铁行业每年可节省财务费用 2 亿元。

二是有利于提升国内钢材市场需求。房地产和基础设施建设是钢材消费大户，降息有利于提振房地产和基础建设领域的投资，因此对钢铁行业形成较强的利好预期。

(四) 节能减排使河北钢铁行业面临较大压力

一是环境治理压力使生产经营难度加大，2014 年河北省对钢铁行业实施了严于国家标准的排放和能耗标准，将国

家确定的钢铁、水泥、平板玻璃等行业污染物排放特别限值实施城市，由4个设区市扩大到6个设区市和2个省直管县（市）。钢铁作为河北省大气环境治理攻坚行动中重点治理的四大行业之一，在脱硫、脱硝和除尘改造方面，也是前所未有的严格。截至2014年11月末，全省钢铁行业52个烧结机脱硫治理工程中，达到竣工和完成标准的50个，占96.2%。195个拆除烟气旁路项目中，达到拆除和完成标准的179个，占91.8%。地方和钢铁企业面临着巨大的经济和社会压力。

二是压缩钢铁产能经济损失巨大。2014年河北省压减炼铁产能1500万吨、炼钢1500万吨，按照中国冶金规划研究院初步计算，唐山市钢铁产业通过压减炼铁、炼钢产能，在未考虑折旧的前提下，直接投资损失约734亿元（如果考虑50%的折旧，仍将损失367亿元），综合考虑下游无钢可轧的独立轧钢企业倒闭损失，直接经济损失估计在1000亿元以上。同时，钢铁、焦化两个产业减量调整，势必影响下游产业发展，特别是独立轧钢企业受到较大影响，焦化下游的化工产业、现代物流产业、港口运输等行业面临重大压力和考验。

三、对钢铁行业后市的研判

预计2015年我国钢材实际需求量为7.2亿吨，同比增长1.4%。受需求影响，进口铁矿石价格将保持在70美元/吨的水平低位震荡。

河北省冶金行业协会发布的数据显示，2015年1月河北省钢铁行业PMI为39.6%，环比下降8.6个百分点。作为钢铁行业"晴雨表"的PMI如今已是连续第9个月处于荣枯线下方，并创出2012年10月以来最低水平，是近几年来河北省钢铁市场形势最严酷的一个月。由于市场需求萎缩以及成本下降，1月全国钢材价格继续大幅下滑，国内钢价跌幅甚至超过原料的价格跌幅，钢厂盈利空间缩小，部分品种出现亏损，钢厂开始减产，预计这种趋势将在2月持续。

今后一段时间，房地产市场难现反转，钢铁产能特别是低端产品产能过剩、钢铁产品供过于求的状况会在很长一段时间内存在，加之压减产能、环保标准提升等硬性要求都对钢铁行业形成压力，未来几年钢铁行业运行形势会依然严峻。

执笔：刘久鸿

棉价持续走低，市场需求低迷

——2014 年新疆棉花市场运行情况调查

中国人民银行乌鲁木齐中心支行调查统计处

中国人民银行昌吉州中心支行调查统计科

一、新疆棉花市场运行的特点

（一）新疆棉花种植面积和总产量双增加

调查显示，2014 年新疆棉花种植面积 3316 万亩，较上年同期增长 32.45%，预计籽棉总产量 1036 万吨（全疆皮棉产量预计为 450 万吨），较上年同期增长 6.61%（见表）。

种植面积大幅增加的主因是受棉花补贴政策影响，2014 年新疆棉花产区对棉花种植亩数进行反复审核，往年未统计的部分国有土地、开荒土地面积有了

数据反映，致使棉花种植面积比上年增加较多。棉产量增幅小于种植面积，是因为 2014 年棉花亩均产量下降。2014 年受大风沙尘天气及低温阴雨天气影响，预计 2014 年新疆棉花平均亩产 312 公斤/亩，每亩减产 76 公斤，较上年同期下降 19.5%。

（二）棉花目标价格改革试点后，国内棉花价格由市场供求决定继续走低，棉花价格逐步与国际接轨

1. 市场供过于求导致国内棉价走低。综合各方面情况，估计 2014~2015 年度国内棉花供大于求 22 万吨，同时考虑到，国内还有 1100 万吨棉花储备库存，

表　2014 年新疆棉花生产情况统计表

	2014 年	2013 年
棉花种植面积（万亩）	3316	2504
籽棉产量（万吨）	1036	972

注：2014 年为预计数。

数据来源：人民银行乌鲁木齐中心支行调查数。

相当于国内棉花一年多的消费量，使得2014~2015年我国棉花价格以下跌为主趋势。籽棉价格方面，截至12月末，籽棉平均收购价格5.8元/公斤，与同期相比减少2.6元/公斤，下降31.14%，已创下近五年来的新低。皮棉价格方面，2014年12月，国家棉花价格A指数[1]为14155元/吨、国家棉花价格B指数为13532元/吨，分别较上个棉花年度的最高值（2014年1月）下降30个、30.2个百分点。

2. 棉花目标价格改革试点，将国内棉花价格交由市场决定，使得国内外棉价逐步接轨。2014年12月末，国际棉花指数（M级）[2]70.71美分/磅，折合人民币9539元/吨，低于国家棉花价格B指数3993元，二者差价较2013年缩小43.2%。

（三）棉花收购和加工进度迟于上年，销售状况不容乐观

调查显示，由于受自然灾害、天气条件以及棉花补贴政策不明朗等因素影响影响，棉花收购比上年推迟7~15天，呈现开秤晚、进度慢等特点。同时，由于2014年是国家棉花补贴政策执行的第一年，棉花加工企业资格认定缓慢，政策执行的时间较晚，大部分棉农没有完全理解国家棉花补贴政策，籽棉收购价格偏低，在开秤前期，棉农存在惜售心理，对棉花企业收购和加工进度产生一定的影响。

皮棉销售方面，2014年棉花加工企业不再通过入储途径进行销售，需要自己寻找客户，根据市场行情进行销售。

而2014年皮棉市场整体价格呈下跌势态，棉纺企业等待观望不急于提早囤棉，随用随买，致使皮棉销售进度缓慢。截至2014年末，农业发展银行新疆分行支持的棉花加工企业销售率为28.7%，低于2013年（45.3%）16.6个百分点。棉花销售情况不容乐观，皮棉购销率仅为18.88%。棉花新政执行中棉花加工企业和棉纺企业等待观望情绪较浓，也反映出棉花市场尚未走出低谷。

（四）棉花收购贷款投放额和回笼额均比上年下降，信贷资金风险压力增加

1. 棉花收购贷款投放量低于往年。在棉花收购环节，近几年新疆金融机构每年向棉花加工企业发放棉花收购贷款500亿元以上，是棉花加工企业收购资金的主要来源渠道。2011~2013年，受收储政策的影响，籽棉收购价格比较理想，新疆棉农种植积极性较高，棉花产量呈逐年增加态势。在棉花价格稳定、产量逐年增加、棉花收购贷款回笼及时、风险较低等因素的共同作用下，全疆棉花收购贷款投放量也逐年增加，其中棉花收购贷款投放主力农业发展银行在新疆的投放额由2011年的510亿元，增长到2013年的663亿元，增长30.1%。而

---

[1] 目前我国棉花市场监测系统价格指数包括国家棉花价格A指数（简称国棉A指数，即CNCottonA）、国家棉花价格B指数（简称国棉B指数，即CNCottonB）等。其中，CNCottonA指数代表内地229级皮棉成交均价，CNCottonB指数代表内地328级皮棉成交均价。

[2] 国际棉花指数（International Cotton Indices）包括SM级指数和M级指数。其中，国际棉花SM级指数相当于国内白棉2级即2129B级；国际棉花M级指数相当于国内白棉3级即3128B级。

2014年在实行棉花目标价格补贴政策的环境下，受棉花价格下降、产量增幅有限等因素影响，棉花收购贷款投放量预计将低于往年。截至2014年末，农业发展银行新疆分行已投放棉花收购贷款413亿元，较2013年末少投放237亿元，降幅达36%。

2. 棉花收购贷款回笼节奏慢于往年。近两年，受国家临时收储政策的影响，棉花销售主要以入储销售为主，销售价格比较平稳，棉花销售货款回笼及时。而2014年临时收储政策取消后，棉花市场走势不明朗，国内纺织行业景气度不高，国储棉尚有大量库存。因此，内地棉纺企业对新疆棉花的需求不旺，加工企业不急于收购籽棉加工，这将导致棉花收购贷款投放慢于往年。截至2014年末，农业发展银行新疆分行共发放413亿元棉花收购贷款，回笼率34.6%，低于2013年末（51%）16.4个百分点。

二、2014年新疆棉花市场中存在问题

（一）自然灾害频发，抵御能力低

新疆自然生态较为脆弱，自然灾害发生频繁、重发，新疆棉花重播和缺苗面积比例较大，造成棉农补苗，重新铺地膜等二次耕种成本上升。由于2014年气温普遍偏低，造成棉花生长期不够、成熟度差，采摘期冷空气、霜期提前，在棉花未成熟的情况下采摘，棉花产量降低，品级下降。

（二）棉花新政出台，市场观望情绪严重

2014年，临时收储政策退出，棉花价格回归市场，让市场主体措手不及。上游的棉农由于棉价大幅下降，远远低于心理预期，观望惜售；没有了价格风向标，中游的棉花加工企业也不敢放手收棉，特别是收购初期观望等待；下游的纺织企业整体需求低迷，为控制风险，减少亏损，维持偏低开机率，加之资金紧张，多种因素促使纺织企业将棉花库存控制在较低水平，随用随买成为用棉企业的主流经营策略，市场观望情绪较浓。

（三）补贴发放进度与农业生产周期不匹配

受籽棉价格低于往年的影响，在补贴未发放的情况下，棉农售棉收入低于往年30%以上。目前，国家已提前发放部分补贴资金，剩余补贴资金要到2015年1~2月才能全部发放到位。整体来看，2014年棉农全部收入取得的时间明显长与往年，与农业生产周期存在一定程度的错配，部分棉农按期归还贷款、购买春耕生产资料的压力较大。

（四）国内棉花市场消费不旺，皮棉销售难题凸显

2014年实行棉花目标价格后，由市场决定棉花价格，国内外棉花价格差价不断缩小。但由于下游企业需求依然低迷，观望情绪较浓，棉花国内消费不旺情况可能继续延续。一方面，受新疆远离销售区、运输困难、疆内用棉有限等因素的影响，棉花销售难题将继续成为

棉花加工企业面临的主要困难。另一方面，目前市场报价只有 12000 元/吨，前期以较高价格收购籽棉的企业面临亏损的处境，受此影响，多数棉企囤棉停售，盼后市棉价有所提振后再作销售。

三、2015 年棉花市场情况预测

（一）预计 2015 年棉花价格呈震荡探底态势

从需求来看，当前内外棉价差缩小，棉花价格由市场决定，有利于遏制化纤替代和减少棉纱进口，棉花需求也将有所恢复。预计 2015 年全国棉花需求量在 850 万吨左右，比上年增加约 50 万吨。据此测算，2015 年国内棉花产需缺口约为 200 万吨，比上年增加 100 万吨左右。而国家 2015 年将根据国内棉花供需形势做好棉花进口相关工作，除发放加入世界贸易组织承诺的 89.4 万吨关税配额外，原则上不增加发放进口配额，并引导国内纺织企业多使用国产棉。

从供给来看，经历三年收储累积的近 1100 万吨的棉花储备库存足以应付中国未来 1~2 年的需求。只有过了这个阶段之后，中国才会重返市场，从而重新推动价格上升。另外，2015 年 3 月棉花收购加工基本结束以后，在市场出现供不应求且价格出现一定幅度上涨的情况下，国家将视新棉销售进度，按照不打压市场的原则再投放部分储备棉，以满足市场需求。

综合供需情况，预计国内新棉呈震荡探底态势，最终向国际棉价靠拢。

（二）2015 年新疆棉花种植意愿或将下降

1. 植棉比较效益下降，影响种植积极性。2014 年由于受灾严重，棉花产量和品质呈下降趋势，棉花收益明显低于蔬菜、番茄、辣椒和酒葡萄等经济作物，与小麦、玉米的亩均收益相差不大。这一情况可能严重影响棉农种植的积极性，对棉花生产的稳定发展十分不利。

2. 棉花价格持续走低，棉农的种植积极性受创。2014 年棉价持续走低，较上年下降超三成，低迷的棉花价格和不断提高的生产成本，对棉农产生了较大冲击，2015 年棉农种植的积极性受创。

3. 补贴资金发放情况，直接影响棉农种植意愿。2014 年棉花种植面积增加，棉花单产下降，生产成本上升，出售价格下滑明显，农户收益大幅下降，补贴金额尚未发放到位，国家的补贴到底能补多少，棉农植棉整体收益暂不明朗，对新年度种植面积存在摇摆不定的心理。可见，棉花补贴资金情况将直接影响 2015 年棉花种植意愿。如补贴后棉花亩均收益超过 600 元，棉花种植意愿或许不会明显下降。

执笔：温　波　高金花

2014 年四季度黑龙江省装备制造业基点监测报告

中国人民银行哈尔滨中心支行调查统计处

人民银行哈尔滨中心支行日前对黑龙江省 43 户重点装备制造业企业监测显示：2014 年，黑龙江省装备制造业产值回落、盈利水平下滑、资金紧张状况加剧，经营压力依然较大。2015 年，我国经济发展进入新常态，老工业基地经济体制改革和产业结构调整也步入关键性一年。在此背景下，应紧抓国家振兴东北老工业基地的重要机遇，继续加大政策扶持力度，增强装备工业创新驱动能力，推动黑龙江省装备制造业向高端迈进。

一、2014 年重点装备企业运行特点

（一）装备企业产值同比回落

2014 年，43 户重点装备企业累计实现工业增加值 50.1 亿元，同比下降 4.6%。其中，除交通运输设备制造业、电气机械及家电制造业保持稳步增长外，金属制品业、机械设备制造业、电子通讯设备制造业及仪器仪表业增速均较上年同期有所回落，分别下降 4.3 个、19.6 个、8.5 个及 5.3 个百分点。

（二）行业整体效益有所下滑

2014 年，43 户企业主营业务利润 41.6 亿元，同比下降 10.9%。多数企业出现亏损，比较显著的是机床工具、工量具、刃具、军工、空调、轻型汽车等装备企业；而交通装备、航空航天、电梯、电机、农用机械等少数装备企业克服了宏观经济环境的不利因素，实现了较快增长，保持了盈利水平。

（三）企业资金周转紧张

截至 2014 年末，43 户企业应收账款 277.6 亿元，占流动资产总额的 34.5%；存货 327.1 亿元，同比增长 10.8%；两项资金占用过高，再考虑到工资和各种税费依赖现金支付，企业现金周转压力增大。

（四）企业融资难度增大

2014 年，43 户企业银行短期贷款 77.4 亿元，同比增长 7.4%，增速低于全

省短期贷款平均增长水平 13.9 个百分点。

二、装备企业面临的困难与挑战

(一) 发展环境不容乐观

国际方面，发达国家纷纷实施"再工业化"和"制造业回归"战略，新兴经济体依靠资源、劳动力等比较优势大力发展加工制造业，以更低的劳动力成本承接劳动密集型产业的转移，在这种局面下，黑龙江省装备制造业面临着发达国家"高端回流"和发展中国家"中低端分流"的双重挤压。国内方面，我国经济正处于"三期叠加"的阶段，新常态下经济潜在增长率趋于下降，对装备产品的需求不会大幅提升。43 户企业的调查问卷显示，预期 2015 年产品市场"供需基本平衡"和"供大于求"的企业分别占 59.1% 和 38.7%%，而预期供小于求的仅占 2.3%；预期 2015 年总体经营状况较差的企业占比高达 72.3%。

(二) 出口形势仍旧严峻

2014 年，黑龙江省装备制造业产品出口订货需求普遍减少，43 户监测企业中 69.8% 的企业出口订单较往年明显下降。2015 年，世界经济仍处于深度调整期，欧美主要经济体货币政策、贸易投资格局、大宗商品价格的变化方向仍存在不确定性，短期内难现强劲复苏势头。特别是石油价格大幅下跌及卢布持续贬值，俄罗斯经济发展遭遇严重困境，黑龙江省对俄罗斯出口前景堪忧。43 户企业中 76.8% 的企业预期 2015 年出口订单将减少。此外，国际市场需求下滑甚至

萎缩的风险加大，使得贸易保护主义进一步强化，针对我国的贸易保护增多、范围扩大、程度加深，未来我国与发达国家的经济贸易摩擦很有可能更为激烈，对装备产品出口将造成不利的影响。

(三) 结构性产能过剩问题突出

当前，国内装备工业产能过剩问题依然突出。一是通用型的低端装备严重供过于求，而中高端装备的研发、制造能力尚未得到显著提高，供给能力严重不足。二是冶金成套产品、发电设备、风电设备、机床等产品同质化生产竞争现象严重，不适应下游行业转型升级的市场需求。43 户企业调查问卷显示，在影响企业经营的原因的选项中，选择"市场竞争加剧"的占 79.6%，排在第一位；选择"市场需求低迷"的占 54.6%，位列第二。预计 2015 年，国内中低端机床、金属制品、大型铸锻件及汽车等产业结构性产能过剩的局面依然存在，黑龙江省装备产业结构调整的压力将进一步加大。

(四) 转型升级需求日益迫切

一是我国装备制造业高速增长的时代已经结束，一些行业生产已接近或达到历史峰值，过度依赖投资拉动和规模扩张的发展模式难以为继。二是随着人口红利减少和土地、物流成本快速增长以及人民币持续升值，装备制造业原有的传统优势正在减弱。三是资源、能源、环境约束日益趋紧，耕地占用已达到红线，石油、铁矿石等重要战略资源对外依存度超过 50%，一些地区环境承载能力接近极限。多方面因素倒逼黑龙江省

装备制造业必须加快调整。

三、装备企业发展存在新的机遇

（一）改革红利持续释放为装备制造业增长提供巨大动力

黑龙江省装备制造业发展遇到的突出矛盾和问题有多方面原因，但根本还是由于经济体制不完善、市场功能发挥不够。《全国老工业基地调整改造规划（2013~2022 年）》、国务院出台的"东北振兴 35 条"及黑龙江省委提出的"五大规划"中一系列深化经济体制改革的重大改革措施必将进一步激发市场活力，提高资源配置效率，破解产业转型升级体制机制和技术资源瓶颈，使改革红利同内需潜力、创新活力更好融合，为推进装备制造业由大变强提供动力支持和体制保障。

（二）"四化同步"发展为装备制造业创造巨大需求空间

我国工业化、城镇化与农业现代化持续推进，信息化与工业化、农业现代化正在深度融合，在丰富产业格局的同时将催生一批新兴产业，这将为装备制造业不断提供新的市场需求。"四化同步"发展将形成巨大的消费市场，这是中国装备制造业所拥有的最大优势。随着"四化同步"的推进和城乡居民消费结构的升级，黑龙江省装备制造业将迎来更大的市场需求空间。

（三）新一轮科技革命和产业变革将助推装备制造业转型升级

新一轮科技革命和产业变革正在孕育兴起，互联网与新能源、新材料、新装备等成为引领力量，其核心就是制造业的数字化、网络化、智能化，它将推动生产方式变革和新兴业态产生，重塑全球装备制造业格局。黑龙江省装备企业工业和科研基础好，只要我们准确把握机遇，充分利用好后发优势，完全有可能在若干重要领域赶超发达国家，实现装备制造业的产业升级。

（四）高端装备制造业将获得巨大发展空间

高端装备制造业是装备制造业的核心，是衡量一个国家产业核心竞争力最重要的标志。随着我国国民经济重点产业的转型升级、战略性新兴产业的培育发展和国家重大工程建设，对装备制造业的绿色化、智能化、服务化将提出新的市场需求和更高要求。全球经济一体化步伐加快，中国将进一步扩大开放、加强国际合作和交流，这些都将为高端装备制造业的发展创造重要战略机遇。

2014年江西省小微企业贷款监测报告

中国人民银行南昌中心支行调查统计处

在人民银行支小再贷款、定向降准和江西省"财园信贷通"等多项政策的扶持下，2014年江西省小微企业贷款在前三个季度增速慢于各项贷款的情况下，各金融机构纷纷在四季度加大支持力度，促进了小微企业贷款的快速增长，实现了"两个不低于"目标。

一、小微企业贷款的总体情况

（一）贷款总量呈现"三高"特征

一是增速高于各项贷款。2014年末，小微企业贷款余额为3456.13亿元，比年初增加753.86亿元，增长27.90%，比同期全省本外币各项贷款增速高8.76个百分点。

二是增量高于上年同期。全年新增贷款比2013年同期多223.45亿元；其中四季度大幅增加，增量占全年比重超四成。

三是抵（质）押贷款占比提高。2014年末，小微企业贷款仍以抵（质）押担保方式为主，占小微企业贷款比重超六成，达66.14%，比年初提高1.69个百分点。

（二）贷款分布呈现"两集中"特征

一是贷款增长集中于地方法人金融机构。2014年江西省地方法人金融机构（农村合作机构和城市商业银行）不断完善小微企业服务，纷纷加大对小微企业信贷投入，全年增长35.86%，高于全省平均水平7.96个百分点，贷款增量超过其他金融机构之和。

二是贷款行业分布集中于四个行业。20项行业分类中，小微企业贷款余额的68.35%和增量的66.00%集中在制造业，批发和零售业，水利、环境和公共设施管理业，交通运输、仓储和邮政业四个行业。其中，制造业贷款余额和增量占比均居首位。

（三）其他融资方式快速增长

一是票据贴现大幅增长。2014年末，小微企业票据贴现余额为158.30亿元，比年初增加90.66亿元，增长134.05%，高于同期全省企业票据贴现增速4.51个百分点。

二是表外授信快速增长。2014 年，小微企业表外授信余额持续增加，2014 年末余额为 960.11 亿元，比年初增加 239.50 亿元，增长 33.24%，比小微企业贷款增速高 5.34 个百分点。

二、值得关注的问题

2014 年在江西省小微企业贷款大幅增长的同时，资产质量下行，出现"三提升"现象。一是不良贷款大幅提升。2014 年小微企业不良贷款增加 33.35 亿元，增长 86.60%；不良贷款率 2.08%，比年初上升 0.65 个百分点，已经连续两年呈上升趋势。其中，仅四季度就增加 21.30 亿元。二是逾期贷款占比提升。2014 年末小微企业逾期贷款占小微企业贷款总额的 2.32%，比年初提高 0.81 个百分点。三是关停企业贷款占比提升。2014 年末小微关停企业贷款占小微企业贷款的 0.11%，比年初上升 0.04 个百分点。

需要说明的是，据对小微企业贷款变动因素进行监测显示，2014 年江西省各金融机构小微企业贷款核销 12.13 亿元，资产证券化贷款转让 22.37 亿元，如考虑这些因素，不良率将更高。

执笔：王世醒

小微企业融资贵的表现
——来自南阳市小微企业的调查

中国人民银行南阳市中心支行调查统计科

南阳市小微企业数量众多，占企业总数的95%以上，它们对地方经济的发展发挥着重要的作用，但是小微企业长期面临着融资贵的问题。2015年初，我们选择了3种类型的36家小微企业：初创企业（成立3年以内）、成长企业（成立3~5年）、成熟企业（成立5年以上），开展了小微企业融资情况调查。调查显示：小微企业融资渠道单一；融资成本构成中非利息费用比例较高；民间借贷融资成本高于银行贷款融资成本；初创型企业融资贵问题突出。当前，小微企业融资贵的主要表现有以下几个方面。

银行贷款和民间借贷是小微企业的主要融资方式，融资渠道单一。当前小微企业受经营管理水平、财务状况和信用等级的影响，很难通过发行债券、股票等直接融资方式获得经营资金。在资金短缺时，主要是通过银行贷款和民间借贷等间接融资方式，融资渠道较为单一。初创企业银行的支持比例相对较小，

银行贷款占全部融资资金比重的33.2%；成长企业、成熟企业融资以银行贷款为主，占比分别为60.5%、73.3%。

贷款融资成本构成中非利息费用比例较高。从贷款融资成本构成来看包括利息成本和非利息成本。非利息成本主要包括评估费、担保费、审计费、公证费、咨询费、过桥贷款成本、票据贴现成本以及隐含的费用成本（如银行要求融资企业存款、工资开户）等。小微企业通过贷款融资的年综合成本大约在9%~20%，个别的可达20%以上。其中，非利息成本平均为11%，贷款融资成本构成中非利息费用比例较高，利率占比仅相当于1/3~1/2。

金融机构贷款利率普遍上浮，股份制商业银行和小额贷款公司利率、综合成本较高。目前1年期贷款基准利率为6%，而金融机构为追求利润最大化，对小微企业贷款的利率普遍上浮30%以上。股份制商业银行、小额贷款公司贷款利

率一般高于国有商业银行和地方法人金融机构，综合成本随之提高。据调查，小额贷款公司、股份制商业银行、地方法人金融机构、国有商业银行贷款平均利率分别为 18.8%、10.8%、10.5%、7.8%，平均综合成本分别为 23.5%、16.8%、13.6%、9.7%。

票据贴现和保证金存款等隐性成本变相提高了企业的融资成本。一是票据贴现。小微企业通过全额保证金承兑汇票贴现后才能使用到贷款资金，有的银行甚至要求企业多次贴现。这样，企业既要支付贷款利息，又要支付贴现费用（贴现的年化成本最高达 7.4%），增加了企业的融资成本（二次贴现后，企业融资成本高达 19%）。二是风险保证金。一些股份制商业银行在向小微企业贷款时，以风险保证金或预留利息名义扣除部分贷款本金，企业实际得到贷款只有本金的 80%。企业要想得到足额的贷款，必须加大贷款额。三是时点存款。由于银行时点数考核对存款的要求，连带企业时点存款。企业只能利用短拆资金满足银行的需求，增加了企业的融资负担。四是过桥资金。据调查，小微企业使用过桥资金的期限在 1~3 个月，一般在月息 25‰~35‰。

民间借贷融资成本高于银行贷款融资成本。小微企业民间融资年化借贷成本在 6%~36%，其中 16.11%的企业成本6%~15%，74.45%的企业成本 15%~25%，9.44%的企业成本在 25%以上。

初创企业融资贵问题突出。一些成立时间不长、规模较小的初创企业，由于资产质量、厂房产权等限制，没有银行能够掌握的风险抓手，导致银行贷款发放额度小、利率高、期限短。有些企业在申贷无望的情况下，只好找民间中介机构借贷，月息 30‰左右。能从银行借到款的企业多是经营较为规范、有盈利且市场前景良好的成熟企业，且随着企业与银行合作的深入，企业的贷款利率有下浮趋势。

执笔：杨小燕

台湾地区应对中小企业融资难问题的经验与借鉴

中国人民银行广州分行调查统计处
中国人民银行阳江市中心支行调查统计科

小微企业"融资难"问题历来被诟病，如何有效缓解我国小微企业的融资约束问题，是当前阶段全社会普遍关注的焦点。20 世纪 70 年代起，我国台湾地区早陆续开展了信保基金建设、中小企业银行建设以及成立中小企业辅导基金等措施，来积极应对中小企业的融资难问题，较好地支持了中小企业的发展。目前大陆地区小微企业发展状况与台湾地区历史状况较相似，其经验值得借鉴。

一、台湾地区中小企业发展的特征

目前，台湾地区中小企业发展态势良好，根据台湾《2013 中小企业白皮书》的相关数据，2012 年台湾地区中小企业数量占比高达 97.67%，数量多、占比大；而在企业销售值方面，中小企业销售值占全部企业的 30.23%，其中内销值和出口值占比分别为 34.66% 和 17.74%，对地区社会经济发展有较大贡献。

历史上，台湾地区的中小企业也面临较为严重的融资约束问题，并受规模小、经营不稳定等诸多因素的影响，存在着信用不足、担保不足、贷款计划不明确、融资信息欠缺等诸多问题。而此后台湾地区实施一系列富有针对性的措施，才陆续缓解了融资难的问题。从台湾中小企业认定标准来看，与大陆地区对小微企业的认定存在较大的相似性，这在某种程度为有效借鉴台湾地区的经验提供了现实基础。

二、台湾地区应对中小企业融资难问题的推进策略

从 20 世纪 70 年代开始，台湾地区为应对日益突出的中小企业融资难问题，陆续采取了成立信用担保基金、发展中小企业银行、组建中小企业联合辅导基

金、构建相对完备的政策支持体系等一系列推进措施，逐步建立起健全的中小企业金融服务体系。

（一）成立信保基金

台湾信保基金成立于1974年，由行政主管部门和金融机构共同出资成立，旨在为中小企业提供融资担保，以较好地解决广大中小企业发展过程中面临的融资难问题。信保基金通过提供信用担保来降低银行发放中小企业贷款的风险，根据信保对象风险评级的不同，分别有0.75%、1%和1.5%三种信保手续费率，最高可核定保证达90%，最低为50%。截至2013年12月，台湾信保基金累计帮助34万家企业从金融机构获得528万笔融资，共计11.3369兆新台币。

（二）发展中小企业银行

台湾中小企业银行的成立源于"合会"的银行化改革。1975年，台湾地区将公营"台湾省合会储蓄公司"和7个地区的"民营合会储蓄公司"改制为中小企业银行，专注于帮助中小企业的融资服务。目前，台湾中小企业银行共有267个分支机构，涵盖地域广，对辖内中小企业的经营和资信等状况的了解程度明显好于其他银行机构。

（三）组建中小企业联合辅导基金

1982年7月，台湾银行、土地银行、合作金库、华南银行、彰化银行、第一银行和台湾中小企业银行共同成立了"中小企业联合辅导中心"，旨在为中小企业提供融资和财务管理等辅导，较为有效地解决了中小企业外部融资过程中面临的实际问题，特别是中小企业融资保证咨询和投资咨询等服务。

（四）全方位的政策支持体系

一是成立专门的政府性扶持机构。台湾地区建立了非营利性的"财团法人金融联合征信中心"（以下简称"联合征信中心"），包括银行、保险、证券等金融机构和信保基金、中小企业联合辅导中心在内的多家机构都是其会员，有效地推动了各机构之间的征信共享。"联合征信中心"所构建的征信数据库，涵盖面广、信息种类齐全，为金融机构较好地了解中小企业资信情况提供了良好的信息支撑。二是出台相应的推进措施。台湾地区"金融监督管理委员会"为有效协助中小企业获取外部融资，已持续多期推动《加强办理中小企业放款方案》的落实，相应的资金投放余额呈逐年增长的趋势，从2013年与2012年的数据对比来看，资金投放增加额达3134亿元新台币，2014年预估再增加2400亿元。三是提供专案基金贷款。专案基金贷款是由台湾行政主管部门核拨，通过指定的金融机构来办理低利贷款。专案基金贷款中，有一定比例的款项适用于中小企业，比如青年创业贷款等。

温州市民间借贷利率持续下滑，资金投资性需求下降

中国人民银行杭州中心支行调查统计处

伴随着降低社会融资成本政策效应逐步显现，以及民间借贷主体趋于理性，温州市民间借贷市场较为低迷。据人民银行温州市中心支行监测显示：2014 年温州民间借贷利率持续处于下滑通道，通过中介机构借贷规模有所萎缩，民间借贷短期资金需求有所回升，投资性资金需求下降。

一、主要特点

（一）温州民间借贷利率仍处下行通道

2014 年四季度，温州市民间借贷综合利率 18.10%，比上季度下降 0.27 个百分点，同比下降 1.68 个百分点，较 2011 年三季度最高点时下降 6.87 个百分点。从 2011 年民间借贷风波爆发以来，温州市民间借贷利率整体呈逐步回落态势。从各子市场看，除一般社会主体借贷利率有小幅上升外，其他子市场利率均有

所下降。一般社会主体借贷利率为 15.96%，比上季度上升 0.12 个百分点，同比下降 1.04 个百分点；社会中介借贷利率 23.06%，比上季度下降 1.05 个百分点，同比下降 3.88 个百分点；小额贷款公司的贷款利率为 18.21%，比上季度下降 0.17 个百分点，同比下降 1.14 个百分点。

（二）融资中介机构借贷有所萎缩

从监测的借贷规模看，总体上有一定萎缩，尤其是融资中介机构借贷规模萎缩明显。2014 年四季度，一般社会主体借贷规模为 2.89 亿元，比上季度下降 3.28%。社会中介借贷规模 6.53 亿元，比上季度下降 11.63%。

（三）短期资金需求有所回升

社会中介借贷主要集中在 1 个月以内的短期垫资，占比为 59%，比上季度上升 1 个百分点。小额贷款公司借贷主要集中在 6 个月以内的短期借款，占比为 95.54%，比上季度上升 1 个百分点。

一般社会主体主要集中在 6 个月至 1 年的借贷，占比为 48.40%，比上季度上升 1.3 个百分点。

（四）投资性资金需求明显下降

当前温州市社会信用体系尚未修复，经济仍处底部企稳态势，社会主体投资仍较为谨慎，借贷资金使用逐步趋于理性，借贷资金用途中投资占比下降。2014 年四季度，对一般社会主体监测显示，借贷资金用于投资占比仅为 8.89%，比上季度下降 1.13 个百分点，而生产经营及家庭消费占比分别为 73.69%、9.21%，分别比上季度上升 0.86 个、0.53 个百分点。

二、原因分析

（一）降低社会融资成本的政策传导效应有所显现

2014 年 9 月以来，受国务院采取多项措施力促降低社会融资成本，以及 2014 年 11 月 22 日人民银行降息等因素传导影响，社会整体融资成本出现下降，一定程度上也影响到了民间借贷市场定价。2014 年四季度温州市银行机构贷款加权平均利率为 7.5%，比上季度下降 0.26 个百分点。相应地，部分小额贷款公司大幅降低抵（质）押类贷款利率，如瑞安市瑞立小额贷款公司 2014 年 12 月抵（质）押类贷款利率仅为 8.82%，远低于全市小额贷款公司贷款加权平均利率。

（二）金融风险未根本扭转，民间借贷活动趋于谨慎

金融环境不乐观是民间借贷市场低迷的重要原因。一方面，银行体系风险持续暴露，2014 年温州市银行新生不良贷款继续攀升，企业出险情况仍不乐观。2014 年，全市银行新生不良贷款 377 亿元，2014 年出险企业 425 家，涉及银行信贷 220 亿元。另一方面，民间借贷风险尤其是 P2P 等网络平台风险持续暴露，2014 年，全市法院受理民间借贷纠纷案件 15029 件，涉案金额 165.53 亿元，尤其是 2014 年四季度以来，辖内网络化民间借贷风险频发、县域民间"呈会"发生"倒会"等风险事件，使得民间借贷主体风险意识增强。

（三）企业经营压力仍然较大，对未来生产经营预期信心不足

受产品市场需求疲软、库存持续积压和应收账款增长较快等因素困扰，企业总体经营压力依然较大。2014 年四季度人民银行温州市中心支行对企业景气调查显示，企业总体经营状况指数为 60.4，比上年同期低 1.3 个点。另据温州市统计局 12 月调查显示，由于元旦和春节假期临近，企业对未来前景预期有所下降。在对"本企业未来 3 个月内生产经营活动整体水平预计"时，认为"下降"的占 20.8%，较上月提高了 7 个百分点；而认为"上升"和"持平"的分别下降了 3.6 个和 3.4 个百分点。

建立"四位一体"的民间融资监测体系
——以福建省南平市为例

中国人民银行福州中心支行调查统计处
中国人民银行南平市中心支行调统计科

一、民间融资监测中存在的问题

(一) 监测主体过于单一

民间融资虽然在公民的经济生活中存在已久,但对其监测是个新事物。面对金融发展过程中的这个新事物,必须有一个社会认可机构实施有效的信息监测,及时掌握其融资业务、融资方式、风险管理和市场趋势,并对民间融资引发的风险作出迅速反应。从调查情况看,目前我国较为系统的民间融资监测仅有人民银行一个部门正在探索开展,这与民间融资活动散落于社会经济各个领域、涉及各种经济主体和"千家万户"的现状完全不相匹配。由于监测主体单一,加上受职权范围限制,人民银行在监测过程中,往往陷入"孤掌难鸣"、"监测无力"的困境。由相关职能部门共同参与监测的多主体协同监测机制亟需建立。

(二) 法律效力明显不足

人民银行基层行在按季度开展民间融资专项监测过程中,虽然能够发挥当地人脉优势,按照人民银行总行相关规定按部就班地展开监测活动,但由于缺乏法律保障,其监测行为颇受质疑,影响了监测效果。在实际操作中,由于监测活动缺乏法律效力,监测主体的有序性、监测对象的稳定性、监测行为的规则性、监测进程的连续性以及被监测者的心理安全性等都无法得到保障。

(三) 监测平台亟需建立

从调查情况看,南平辖区目前尚未有如民间融资服务登记中心等统一监测平台来对民间融资进行有效监测。现有民间融资监测体系的广度不够、局限性较为明显。如对辖区典当行、投资公司、担保公司等这些在民间融资中起巨大推动作用的中介机构,人民银行的民间融资专项监测仅选取6家这类机构的监测样本，样本代表性较弱；而且在实践中，人民银行对这些监测样本企业、居民家庭和中介机构缺乏必要的法律约束力，实际监测效果有违初衷。为此，类似于温州"登记中心"及鄂尔多斯"投资中心"和"借贷中心"这样的统一监测平台亟待建立，并应从法律上赋予其相应的监测权利。

（四）监测难度依然较大

一是数据的真实性难以保证。由于民间融资大都属于私下交易，借贷的双方对其合法性存有疑虑，不愿向外界透露实情，监测人员难以掌握真实情况，导致民间借贷监测数据的真实性难以保证。尤其对于无贷款企业和农户，由于没有获得金融部门支持，其主动配合监测意识较差，监测数据真实性更难保证。二是监测费用难以落实。目前，人民银行县支行人员有限，每人均身兼多岗，且随着中央银行职能调整人民银行基层行原先与农户、企业之间的联系优势正逐步弱化，无法经常性开展实地监测，影响了民间融资监测信息的准确收集。且受各方面因素制约，监测费用难以有效落实，虽然人民银行各级分支机构比照国家相关统计制度落实监测费用，但经费紧张的现状仍然制约着监测工作的顺利开展，也难以有效调动被调查对象的配合积极性。若一个地区须对150户中小企业以及170户农户进行民间借贷利率监测，以每户60元费用计，南平辖区每年需要经费开支至少1.92万元，这是一笔不小的数目。

二、进一步完善民间融资监测的思路

民间融资监测体系是对民间融资活动各方行为进行全面跟踪，登记、收集相关数据和信息，并综合分析和通报其业务结构、业务特点及业务风险的有机整体。多层次民间融资监测体系包含以下监测目标：一是实施点、线、面、体等不同模式和层面的民间融资监测，满足不同利益主体的信息需求和决策需要；二是建立健全民间融资监测网络，实现资源整合与信息共享；三是提升民间融资监测科学性，降低决策的风险。

根据现有民间融资监测实践和存在问题，我们认为，应该从民间融资监测主体、客体、内容和方法等多个层面去搭建一个立体式、多维度的民间融资监测体系，即构建"三重四位一体式"的多层次民间融资监测模式和监测体系（见图）。

（一）"三重"监测主体

建立一个自动化、网络化、集中式的民间融资交易与监测平台，并以法规形式确定这一平台的合法地位，是多层次民间融资监测体系的首要基础。只有政府部门有能力和资源建立这样的集中式的交易与监测平台，所以政府为"第一重"监测主体；基于人民银行对于民间融资监测的较好实践与探索及其在编制全国金融统计数据、报表方面的明显优势，建议明确由人民银行（"第二重"监测主体）作为民间融资监测体系的汇总部门，授权人民银行牵头协调政府有

图 民间融资监测体系

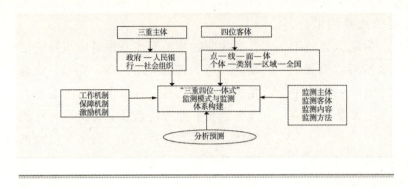

指全体或整体，如全国或全行业等。

（三）"五项"监测内容

通过调查、归纳和整理不同利益主体的监测信息需求类型、需求内容、需求频率、需求程度、需求形式等，结合民间融资监测的可能与实际，多层次民间融资监测体系的监测内容应包括"五项"：（1）结构性监测——资金来源与用途；（2）借贷方式监测——信用借贷、抵押借贷、担保借贷、质押借贷和其他借贷等；（3）价格监测——借贷利率、借贷期限、资金额度、还款情况；（4）流量监测——民间融资的规模、范围等；（5）影响力监测——监测分析民间融资和民间融资利率对金融信贷、社会信用及社会稳定的影响。根据"五项"监测内容，可以细化为对居民、企业、中介机构和地区的监测指标（见表）。

（四）"六种"监测方法

目前，民间融资监测基础弱，统计监测模式和体系不健全，民间融资监测技术和方法落后，需要积极加以改进。一是抽样调查法。这是民间融资的调查主要形式。二是重点调查法。对于民间融资活跃的地区要采取重点调查监测的方式。三是备案登记法。由于备案登记具有很强的证明效力，融资当事人特别是相对弱势一方一般会在协议达成阶段便主动备案，并督促另一方完成备案登

关部门和有关社会组织，成立民间融资监测工作小组，在组织上确保对监测数据的归集、传输及处理；由于当前民间融资信息大量集中于民间融资中介机构，因此，有必要参照温州模式和鄂尔多斯模式，组织中介机构联合成立民间借贷登记服务中心，专门为借贷双方提供信息登记、信息咨询、信息发布和融资对接等服务。中介机构即为"第三重"监测主体。

（二）"四位"监测客体

民间融资监测客体是民间融资监测的对象。民间融资监测分析是一个复杂而专业的系统工程，要形成科学、客观的分析报告，必须对监测对象的行为偏好、所在行业、所在区域经济特点等进行综合研判。为此，在监测客体选择上，必须建立"点—线—面—体"（"四位"）相结合的监测客体（网点）体系："点"主要指调查的个体；"线"主要指专门的调查类别，如个人（个体工商户）、企业或中介机构等；"面"主要指某一层面或侧面，如某一县市、地市、省市、经济区、经济发达地区等；"体"主要

表　居民、企业、中介机构①和地区民间融资监测主要指标

	监测名称	指标	监测名称	指标
居民	居民类型	城镇居民、农村住户、个体工商户	资金用途	生产投资、家庭消费
	基本情况	居住地、人均收入、生产经营主业（产品）	融资发生额	协议形式、担保方式、偿还方式
	借贷情况	发生额、期限、利率	融资原因	
企业	企业情况	行业、规模、注册类型	借入资金	发生额、利率、期限、借入渠道、资金用途
	资金状况	上季度资金状况、环境、成本、未来资金预测	融资发生额	协议形式、担保方式、偿还方式
	资金来源	借入资金、借出资金	融资原因	
中介机构	机构情况	机构类型、规模、注册类型	市场利率	调查期间利率、未来利率、违约风险
	市场活跃度	活跃度、活跃度原因	典当行	典当总额、期限、息费
	市场需求	总体、流动资金、过桥资金、行业投资，融资需求、供给、满足度	担保公司	担保总额、期限、利率
			投资公司	投资总额、期限、利率
			小额贷款公司	新增贷款、期限、利率
地区	地区民间融资	居民、企业、机构及其他市场主体利率，分期限利率指数，综合利率指数	全国	居民、企业、机构及其他市场主体利率，分期限利率指数，综合利率指数

记，以有效维护合法权益。四是网络申报法。备案登记的实施已经远远不止靠融资当事人到本辖区基层政府进行登记，而是可以借助互联网、电子终端、传真等方式自由申报。这样，整个信息监测活动就可通过"备案登记"和"网络申报"两种方式确保信息备案数据的完整性。五是正向激励法。对于积极自主提供数据的被监测对象，可制定可行的激励措施，如纳入银行重点支持对象，信用培植，一对一设计融资方案等。六是保密监测法。被监测对象提供的监测数据，政府、民间自治组织及人民银行基层行要完善信息保密措施，消除供需双方的顾虑，积极引导借贷双方主动配合监测。

执笔：苑立飞

---

① 中介机构是指经政府有关部门批准设立的合法机构，如投资公司、私募机构、担保公司、典当行、寄售商行等；不包括未经政府批准但从事借贷相关业务的机构（合会、台会、轮会、标会和地下钱庄等）。

生猪价格波动更为明显，养殖效益低迷
——2014 年生猪生产及价格情况分析

中国人民银行成都分行调查统计处

人民银行成都分行对四川省主要生猪产地①440 户养殖户和 48 户加工企业问卷调查显示：2014 年生猪价格呈现"波浪"形走势，价格波动较往年更为明显；生猪出栏主要集中在下半年，存栏呈现全年头尾收缩态势；猪料比和猪粮比双双下滑，多数养殖场（户）养殖效益为负；中间环节加工企业则产销量双增，整体经营状况良好。预期 2015 年一季度，生猪价格可能出现先扬后抑的阶段性回升行情；2015 年全年生猪价格波动仍将较大，价格总体行情或将好于 2014 年。

一、生猪生产及价格走势情况

（一）2014 年猪价呈"波浪"形走势，价格波动较往年更为明显

四川省农业厅监测数据显示，2014 年四川省育肥猪、仔猪和市场猪肉价格全年均价分别为 13.53 元/公斤、17.74 元/

公斤和 22.61 元/公斤，同比分别下降 11.16%、15.04%和 7.48%。全年生猪价格走势呈现以下特点：一是价格波动更为明显。与前两年"U"形走势不同，2014 年四川省生猪价格呈现一波三折的走势。2014 年 1~4 月生猪价格持续下跌，4 月末跌至谷底，创下 2011 年以来的最低价格，"五一"前夕在国家收储政策及节日需求拉动下，生猪价格在 5 月快速反弹，6 月中旬至 7 月中旬经历一波小幅震荡回调后，8 月猪价再次快速拉升，9 月下旬开始再次进入震荡回调态势，一路下行至年末。二是育肥猪、仔猪、能繁母猪与猪肉价格走势基本一致，但市场猪肉价格抗跌能力较强。仔猪价格降幅最为明显，表明养殖户对后期市场的悲观情绪较浓，补栏积极性不高；市场猪肉价格降幅则相对较为平缓，全年肉、猪价差平均为 9.09 元/公斤，较 2013 年

---

① 内江、广元、遂宁、南充、资阳、眉山、达州、巴中、凉山、乐山、广安等主要生猪生产加工地区。

度仅下降1.30%。三是旺季不旺,生猪价格规律更难把握。元旦前及春节前是猪肉消费的传统旺季,但2014年在国庆前猪价就进入下行区间,一直到年末价格仍维持小幅下探行情。

(二) 生猪出栏主要集中在下半年,存栏呈现全年头尾收缩走势

在2014年1~4月生猪价格持续下跌行情下,养殖户出栏意愿不强,一季度、二季度生猪出栏景气指数仅分别为42.1%和47.6%,三季度、四季度在生猪价格阶段性回升和季节需求加大带动下,生猪出栏景气指数分别回升至55.8%和62.6%。

由于养殖户补栏意愿始终不高,生猪存栏景气指数仅三季度处在景气区间的55.6%,一季度、二季度和四季度生猪存栏景气指数分别降至44.3%、46.5%和45.4%。其中,育肥猪存栏景气度与生猪总体存栏态势一致,一季度、二季度存栏数减少是促成5月猪价回升的主要因素;而能繁母猪存栏景气指数连续4个季度均低于50%。

(三) 猪料比和猪粮比双双下滑,多数养殖场 (户) 养殖效益为负

四川省农业厅监测数据显示,2014年玉米年平均价格同比小幅下降1.67%,小麦麸年平均价格微涨1.28%,育肥猪配合料同比略升0.66%。但由于饲料企业的人工、水电成本上涨,饲料成本占总成本比例仍由2008年的平均54.96%推高至2014年的67.91%,加上全年12个月猪价5涨7跌,导致用于衡量规模养殖场户盈亏的猪料比,以及用于衡量育肥户 (散养户) 盈亏的猪粮比同比双双下滑。2014年四川省猪料比年平均3.81:1,同比下降12.0%,规模养殖场户平均每头育肥猪亏损50元以上;猪粮比年平均5.28:1,同比下降11.60%,散养户平均每头育肥猪亏损在150元以上。

2014年一季度至四季度出售生猪亏损的养殖场户占比分别高达84.4%、88.9%、34.4%、41.4%。

(四) 加工企业生猪产销量双增,整体经营状况良好

生猪价格低迷状况下,作为中间环

表　四川省年均猪料比、猪粮比变化情况

年份	猪粮比	增减幅度	猪料比	增减幅度
2008	7.32:1		4.95:1	
2009	6.07:1	−17.08	4.03:1	−18.59
2010	5.13:1	−15.49	3.83:1	−4.96
2011	7.18:1	39.96	5.40:1	40.99
2012	5.90:1	−17.83	4.51:1	−16.48
2013	5.87:1	−0.51	4.33:1	−3.99
2014	5.28:1	−10.05	3.81:1	−12.01

数据来源:四川省农业厅网。

节的屠宰、加工、销售企业仍有一定利润空间。2014年生猪加工企业的加工量和销售量景气指数逐季上升，四季度指数分别高达67.8%和70.4%。产销量增加下四川省生猪加工行业经营状况整体较好，全年经营景气指数均在50%以上的景气区间，并呈逐季上升态势，四季度生猪加工行业景气指数最高，为57.2%；一季度至四季度实现盈利的加工企业占比分别达62.2%、65.8%、78.9%、76.3%，盈利面远高于养殖场户。加工企业反映，在收购环节和销售环节每头生猪分别有40元和200元左右利润，在屠宰环节，每头生猪可获服务费30~40元。

二、下阶段生猪价格走势预测

（一）2015年一季度，生猪价格可能出现先扬后抑的阶段性回升行情

养殖场户下季度生猪价格预期指数为54.5%。影响价格变动的主要因素：一是春节需求增加有望推动价格阶段性回升。2015年农历新年较以往偏迟，居民香肠腊肉灌制高峰期或将延续至年初，加上节日猪肉消费量增加，将拉动猪肉价格阶段性回升。二是前期适重猪压栏有效释放，猪价下跌空间有限。问卷调查显示，在三季度、四季度育肥猪集中出栏后，四季度养殖场户生猪存栏景气指数仅为48.8%，养殖场户2015年一季度生猪出栏预期指数也仅为45.3%。三是节后需求下降、储备肉投放等不确定因素可能影响生猪价格在季度后期出现震荡。综合以上因素，2015年一季度生猪价格可能出现先扬后抑行情，价格上涨幅度有限。

（二）2015年全年生猪价格波动仍将较大，价格总体行情或将好于2014年

随着生猪规模养殖发展、现代农业科技进步以及土地流转进程的推进，生猪价格3年周期性波动的格局逐渐被一年内或跨年度的波动所替代，在市场需求量、生猪生产结构调整、猪肉进口量及猪肉收储投放政策等多因素叠加下，2015年生猪价格波动或将加大。一方面，猪肉市场需求量大幅降低，消费结构多样性增加。另一方面，在2014年能繁母猪结构调整下，2015年生猪供应或将减少。问卷调查显示，2014年四川省能繁母猪存栏量呈持续减少态势，四川省农业厅监测数据也显示，能繁母猪存栏比重逐月下降，母猪结构调整逐步趋向合理，这将影响到2015年生猪的生产规模，预计2015年生猪存栏将较为稳定，从而抑制猪价下行空间，2015年生猪价格行情或将好于2014年。

执笔：胡红燕

农村产权抵押贷款障碍分析及路径选择
——基于湖北省咸宁市的实证分析

中国人民银行咸宁市中心支行调查统计科

近年来，全国多地都出台地方性法规积极推进以确权颁证和产权抵押为主要内容的农村产权改革，农村产权抵押范围扩大，农村产权抵押融资可行性提高，但在改革过程中农村产权抵押融资效率到底如何，还需要实证评价，面临的新障碍还需选择新路径去突破。

一、基本情况

（一）农村产权抵押贷款有效供需有限

从供给方来看，农村产权抵押贷款有效供给不足。咸宁市从 2008 年开展林权抵押贷款试点，但到 2014 年 8 月末林权、养殖水面经营权、土地承包经营权和农房等"三权一房"抵押贷款余额仅为 9353 万元，占县域贷款余额之和的 0.4%，占县域抵押贷款余额之和的 1.32%。从需求方来看，农村产权抵押贷款有效需求不足。在对 361 户农户农村产权抵押贷款意愿的调查中，有 114 户愿意申请农村产权抵押贷款，占比为 31.6%。其中，有 104 户为种养大户、家庭农场等农村新型经营主体，在愿意开展农村产权抵押贷款农户中的占比为 91.2%，新型农村经营主体是农村产权抵押融资需求的主体。但这 114 户有农村产权抵押融资意愿农户中，实际仅 15 户从银行获得了农村产权的贷款，占这部分农户的 13.1%，这表明农村产权抵押融资的有效需求不足。

（二）农村产权抵押融资利用效率较低

据咸宁市农业、国土等部门初步测算，咸宁市农村产权抵押潜在价值达到 545.6 亿元，而实际的农村产权抵押贷款余额仅 9353 万元，农村产权抵押利用率（农村产权抵押贷款余额/农村产权总价值）仅为 0.17%。其中，养殖水面经营权、林地使用权抵押利用率分别为 4.62% 和 1.19%，农村土地承包经营权、养殖水面承包经营权、农村房屋所有权抵押利用率均未超过1%。"四荒地"使用权、集体建设用地、农业类知识产权、农村生产性设施使用权、大型农机具等农村产权尚未能从银行抵押融资，仍属于农村"沉睡"的资产。

二、障碍分析

(一)法律风险降低农村产权抵押融资效率

首先，我国农村产权的抵押范围限制。如《农村土地承包法》第三十二条规定以家庭承包方式取得的土地承包经营权不允许采取抵押；《担保法》第三十六条、第三十七条明确规定乡(镇)、村企业的土地使用权与其上的厂房等建筑物可以一并抵押，而其余的耕地、宅基地、自留地、自留山等集体所有的土地使用权均不得抵押。其次，不规范的农村产权取得方式也降低了农村产权抵押融资效率。《物权法》第一百三十三条规定以招标、拍卖、公开协商等方式获得的土地承包权、林权等经营权可以抵押。但当前咸宁市自发流转的农村产权占比在80%以上，以自发形式流转的农村产权难以依法成为银行认可的合法抵押担保物。最后，农村产权处置方式受限较多，降低了农村产权的流动性。例如，国务院办公厅《关于严格执行有关农村集体建设用地法律和政策的通知》规定城镇居民不得到农村购买宅基地、农民住宅，农村村民一户只能拥有一处宅基地，因此，农民住房无论是卖给城镇居民还是农村村民都存在政策风险。

(二)农村产权市场配套体系不健全

一是集体土地确权推进较慢。由于二轮延包遗留问题多、工作量大、成本高等原因，到2014年8月末咸宁5个县市中仅有1个县在2013年完成了3个乡镇的农村土地经营权确权工作。二是缺少具有资质的农业资产评估机构，不能出具符合产权抵押贷款要求的评估报告。三是农村产权流转市场不健全。目前咸宁市72个乡镇中，仅有1个县在11个乡镇成立了农村土地流转服务中心，但土地经营权究竟应该按何种标准科学估值、怎样通过流转中心进行具体流转、发生资产请清偿时如何处置等，农村土地流转服务中心缺乏一整套具体的科学定性、切实可行的评估、交易、处置机制，而且咸宁市尚未建立其他类农村产权流转市场。四是抵押登记难。部分确权机构只负责确权，不愿意承担抵押登记的责任。例如，咸宁市水产渔业管理部门虽然对养殖水面进行了确权颁证，但不受理抵押登记。

(三)农村产权抵押贷款创新机制缺失

一是监管标准高导致金融机构"惧贷"心理。农村产权抵押贷款囿于其权利难于被法律保障、权利价值评估标准尚未建立、流转处置机制不健全等因素，在银行贷款风险评价体系中属于风险权重较高类产品，行业监管评价、考核标准较高，金融机构对农村产权抵押贷款表现出"惧贷"心理。二是农村产权抵押融资只有抵押贷款一种形式，降低了金融机构参与积极性。在对咸宁各县市46个金融机构调查中，只有农村信用社以及部分县市邮储银行、村镇银行等9家开办了农村产权抵押贷款，大型商业银行及股份制银行都暂未开展农村产权抵押贷款业务，担保机构、保险机构未涉足农村产权抵押贷款。三是金融产品缺少创新，制约农村产权抵押融资需求。农村产权抵押融资需求主要集中于家庭农场、专业合作社等农村新型经营主体，而金融机构没有根据农村新型经营主体的需求特点来设计信贷产品，而是参照城市信贷管理办法来管理农村产权抵押贷款。例如，审批耗费时间较长；要求抵押人在农村产权抵押的基础上提供非农产权担保或其他形式担保。相当部分农户由于金融机构贷款手续烦琐、没有合适的抵押物、找不到担保人等原因，要么放弃自己的计划，要么寻求民间借贷，这部分农户在调查的361户农户中占到近26%。

（四）农村产权抵押融资项目价值劣势

一方面，农村产权抵押融资项目投入周期长，产出回报缓慢，与城市项目相比风险大而收益相对较低；另一方面，由于农业保险、担保机构不健全，农业风险分散机制欠缺，进一步降低了农业项目价值。涉农项目价值劣势，使金融机构对农村产权抵押贷款利率上浮程度更高。调查中，农村产权抵押贷款利率上浮程度均不低于30%。小农生产难以承受利率上浮不低于30%的贷款融资，而代表着现代农业先进生产力、具有农

村产权抵押贷款承受力的新型农村经营主体仍处于发展初期，数量少，规模小，农村产权抵押融资需求主体不足，降低了农村产权抵押融资需求的有效性。据统计，到2013年末，咸宁市规模种养殖户、家庭农场和等新型农村经营主体数仅1.27万户，仅占全市农村总户数的2.48%，经营面积仅占全市农地面积的6.1%。

三、路径设计

（一）探索农房和家庭承包取得土地经营权的抵押贷款途径

据测算，咸宁市农村房屋和农村土地承包经营权合计占到咸宁市农村产权抵押价值的91.4%，是最主要的农村产权，但抵押利用率极低，因此需要探索农房和家庭承包地经营权抵押贷款路径。对于农房，可以借鉴成都经验，将宅基地使用权转换为集体建设用地使用权实现转让或抵押，这需要建立农村土地承包经营权流转制度和城乡建设用地指标流转制度。家庭承包取得的土地承包经营权虽然法律不允许直接抵押，但根据我国《农民专业合作社法》第二十二条，以土地承包经营权作为出资所取得的股权可以抵押。在现实家庭承包土地不得抵押的法律约束条件下，通过土地经营权股份化可以实现家庭承包土地经营权的间接、合法抵押。

（二）完善农村产权抵押融资市场配套机制

借鉴成都和武汉农村产权抵押融资

发展的经验，按照"交易—鉴证—抵押"的模式，建立和完善农村综合产权交易市场及有关市场机制。在交易环节，需要推进确权、登记和颁证工作，明晰各类农村产权；成立农村产权交易所，搭建市、县、乡三级交易网络。在鉴证环节，由搭建的农村产权交易平台对农村产权进行交易鉴证，并颁发交易鉴证书，作为贷款抵押的有效抵押凭证。在抵押环节，由银行和产权交易所共同认可的评估机构对农村产权进行评估；由农村产权交易所进行抵押登记，建档备查；在经商业银行审核后，由商业银行发放贷款；在贷款发生不良后，商业银行可在农村产权交易所对抵押产权进行挂牌流转变现。

(三) 创新农村产权抵押融资模式降低银行风险

一方面，可以借鉴成都经验，通过政府设立基金或担保公司给予农村产权抵押融资刚性保障。另一方面，可以引入农村土地专业合作社、信托等，引入充当银行和农村产权抵押贷款人的信息中介，即在农村地区由村社集体引导组建农村土地合作社，农民以土地入股，

土地合作社将土地承包给农业生产企业和种植大户，同时收取土地租金。农村土地专业合作社将集体土地所有权抵押获得信贷资金，农业企业和种植大户土地开发资金缺口可以通过农村土地合作社将集体土地使用权等资产抵押获取。

(四) 发展现代农业提高农村产权抵押贷款需求有效性

在农村产权抵押贷款项目与城市项目相比价值劣势明显、银行审贷更看重贷款项目的前景和借款人信用因素的背景下，只有通过发展现代农业转变农业生产模式才能提高农业比较收益，进而提高农村产权抵押贷款供需的有效性。因此，可以将规模农业与城镇化相结合，即让愿意进城的农民放弃农村集体身份和相关权益，换取相应的资金和政策，快速在城市安家落户。将农民放弃的土地收归国有，统一城乡土地所有权制度。同时，国家可以重新引入企业集团或者个体经营大户重新组织农业生产，建立先进生产方式，从而将小农户的非有效信贷需求转化为规模农业的有效信贷需求。

农村金融机构处置不良贷款存在的问题及建议

中国人民银行徐州市中心支行调查统计科

为增强金融机构化解不良资产的能力，财政部先后于 2008 年和 2009 年发布了《金融企业呆账核销管理办法》、《关于中小企业和涉农不良贷款呆账核销有关问题的通知》，放宽了呆账认定和核销的条件。2013 年以来，随着经济下行压力加大，银行不良贷款增多，核销需求加大。在此背景下，为了解徐州地区农村金融机构不良贷款核销处置及存在的问题，人民银行徐州市中心支行对 14 家法人金融机构开展了调查。14 家法人机构中，含 7 家农村商业银行、1 家信用社、6 家村镇银行。

一、当前农村金融机构不良贷款的总体情况

2014 年，全国银行机构不良贷款呈现抬头趋势。在实体经济经营风险继续加大的背景下，银行不良贷款持续暴露，不良贷款持续"双升"。2014 年 11 月末，

江苏省银行类金融机构不良贷款余额较年初增加 189.85 亿元；不良贷款率较年初上升 0.14 个百分点。一方面，小微企业信贷风险尚未见底，并呈现进一步向大中型企业蔓延的趋势，加之民间融资和担保链导致金融风险的传递，预计 2015 年金融机构信贷风险可能会进一步扩大。另一方面，企业杠杆率高企，未来进一步加杠杆的空间有限。在企业杠杆率高企、债务规模不断扩大的同时，企业盈利能力和水平却有所下降，导致企业偿债能力减弱，企业资金实力下降，进而对银行不良贷款增长起到促进作用。上年末，我国非金融部门债务与 GDP 之比已达 140.01%，较 2008 年提高 36.32 个百分点。

由于自身抗风险能力弱、农业风险大、小微企业贷款占比高等原因，农村金融机构的不良贷款增长也较为明显。以徐州市为例，2014 年全市 14 家农村金融机构不良贷款余额比上年同期增加

6.54亿元，增量约占到全市银行不良贷款增长的51%。农村金融机构的不良贷款中，次级类贷款余额比上年同期增加5.67亿元，可疑类贷款余额比上年同期增加0.87亿元，损失类贷款余额与上年同期持平。2014年末，在贷款风险分类上，各家法人机构的风险分类结果较为准确，分类的偏离度在可接受范围内。

随着不良贷款增长，2014年全市不良贷款核销数额也有所增加。2014年，全市银行机构不良贷款共核销15.49亿元，比上年增加2.62亿元。核销率为61.06%，较上年提高0.31个百分点。徐州市不良贷款核销金额在全省处于前列，仅次于南通、连云港、扬州、盐城。14家农村金融机构共核销不良贷款9.13亿元，比上年同期增加0.11亿元。每家机构的平均核销率为70.83%，高于全市平均水平9.77个百分点。

二、农村金融机构的不良贷款核销流程分析

通过对徐州市14家机构的调查，发现农村金融机构对不良贷款核销的流程基本相似。这主要体现在两个方面。一是在制度规定上，各家银行均制定了本单位的不良贷款核销办法，如徐州某县农村商业银行制定了《农村商业银行股份有限公司呆账贷款认定与核销管理办法》，为不良贷款处置提供了制度依据。辖内5家村镇银行尽管尚未开展过核销业务，但也已经制定了完善的核销办法。二是在流程上，均采用"分支行申请核

销—总行主管部门审查—提交核销委员会讨论决定是否同意核销—同意后要求财务部门拨款—支行进行核销"的流程。以徐州市另一家农村商业银行为例，该行的核销流程为：支行提出呆账贷款核销申报，指定人员负责对拟办理核销贷款的五级分类情况、担保人经营与财务情况、抵（质）押物情况、呆账形成过程等事项进行说明，并如实填写呆账贷款核销申报审批表。支行行长审核填报资料完整性和真实性并签字确认，然后上报总行主管部门资产管理部。资产管理部认真审查支行填写呆账贷款核销申报审批表的完整性，然后提交董事会风险与关联交易管理委员会。经审批同意后，由总行安排支行进行账务处理。

三、农村金融机构不良贷款核销中存在的问题

（一）部分不良贷款被列在税后核销，降低了银行利润

根据《企业资产损失税前扣除管理办法》要求，企业发生的资产损失，应按规定的程序和要求向税务机关申报后方能在税前扣除。因各类原因导致资产损失未能在发生当年准确计算并按期扣除的，经税务机关批准后，可追补确认在损失发生的年度税前扣除，并相应调整该资产损失发生年度的应纳所得税额，调整后计算的多缴税额，应按照有关规定予以退税，或者抵顶企业当期应纳税额。以徐州市某农村商业银行为例，该行财务部每年在企业所得税汇算清缴前

都会向税务部门提供核销资料，凡是符合《企业资产损失税前扣除管理办法》规定核销条件的，并得到国税局审批，均可进行所得税税前的列支，不符合该办法规定条件的将不能够通过税务部门的备案审批，需进行纳税调增处理。2012 年该行核销贷款 6841 万元，经税务部门批准核销 175 万元，未经批准核销 6665 万元需进行纳税调增处理，相对应金额所得税税款 1666 万元已缴纳国库，使该行净利润减少 1666 万元。2013 年该行核销贷款 15131 万元，经税务部门批准核销 4510 万元，未经批准核销 10620 万元需进行纳税调增处理，相对应金额所得税税款 2655 万元已缴纳国库，使该行净利润减少 2655 万元。因此，经国税局批准过的税前核销贷款，会使银行少缴纳企业所得税，使银行的净利润增加。税后核销的贷款，如果未经国税局审批通过，需要补缴核销贷款当年的企业所得税，使银行的净利润减少。

（二）核销过程中存在财政政策与税收政策标准不统一的问题

农村金融机构反映，在核销过程中存在的主要问题是财政部门金融企业财务规则的相关规定与税务部门的企业资产损失规定不一致，导致银行无法实现税前列支核销。财政部下发的《金融企业呆账核销管理办法》中，金融企业经采取必要措施和实施必要程序之后，符合一般债权或股权呆账认定标准及核销所需相关材料所列认定标准之一的债权或股权可认定为呆账，即可予以核销。

但按照国税局《金融企业呆账损失税前扣除管理办法》的规定，财政部政策中给予的自主核销标准不能作为税前列支核销的标准，而且税务局制定的税前列支标准非常严格，并未给予商业银行不良贷款税前列支核销的优惠政策，因此商业银行只能做到税后列支核销，无法实现税前列支核销。

（三）核销过程中存在取证难的问题

农村金融机构的客户主要为县域农户、小微企业、个体工商户。在核销贷款中，小额贷款占比高，且自然人客户或个体工商户走失逃债的较多。法院和经侦部门很难立案和执行，农村金融机构不能获得相关判决裁定文书作为核销呆账的法律依据，国税部门因此无法认定呆账核销的合法性，所得税税前扣除环节仍难以执行。如国税总局《企业资产损失所得税税前扣除管理办法》相关条款中规定死亡农户不良贷款核销需取得资产清偿证明或遗产清偿证明，但我国目前相关法律制度尚不健全，实际工作中往往无法取得相关证明资料。

（四）核销力度加大导致拨备覆盖率下降

2014 年末，全市 14 家农村金融机构的平均拨备覆盖率为 251.43%，较 2013 年末下降 99.09 个百分点。不良贷款核销力度加大是拨备覆盖率下降的主要原因。2014 年，农村金融机构贷款质量没有明显改观，不良贷款反弹压力较大。经济下行带来的不利影响尚未消除，企业盈利状况不佳，总体情况比往年有所下滑，一些行业的小微企业出现了订单减少、货款难收、应收账款增加等现象，公司类贷款及原信用村存量贷款风险暴露较为突出，个别企业甚至无法持续经营，企业还款意愿及还款能力明显下降，出现不同程度的亏损，造成贷款偿还、结息违约。在此背景下，银行对于不良贷款的核销力度加大。以徐州市某农村商业银行为例，2014年该行采取多种措施，加大清收盘活及处置、核销力度，以避免出现拨备与不良贷款"双高"现象，全年共核销贷款5959万元，打包处置贷款26339万元。在核销过程中，该行使用贷款损失一般准备进行了弥补，导致贷款损失准备比年初下降8081万元。不良贷款拨备覆盖率为比年初下降31.21个百分点。拨备覆盖率下降后，为满足监管标准，银行需要增加对拨备的计提，计提范围包括对各项贷款的计提和非信贷方面的计提。被调查的农村商业银行反映，增加拨备计提后，会减少银行当期账面利润。在利率市场化逐步推进、银行市场竞争加剧的背景下，这会使银行利润增长面临更大压力。

执笔：李　嫒　李　浩

银行家问卷调查效果实证研究

——以湖南省为例

中国人民银行长沙中心支行调查统计处

为检验湖南省银行家问卷调查效果，人民银行长沙中心支行以湖南省历年的银行家问卷调查数据为研究对象，用实证分析方法来检验银行家对经济金融运行情况判断的准确性。结果显示：湖南省银行家问卷调查结果与经济走势相关性较强，对部分经济金融指标的预测性较好。

一、银行家问卷调查制度框架特点及湖南省基本情况

（一）银行家问卷调查框架特点

银行家问卷调查制度始于 2004 年，是由人民银行和国家统计局联合开展的一项季度性经济调查。调查内容涉及宏观经济形势、货币政策、银行信贷及景气状况等多个方面。调查结果以扩散指数（Diffusion Index, DI）表示，这些指数有助于中央银行及时掌握金融机构对宏观形势的判断以及金融机构经营行为

变动对货币政策实施的影响。

银行家问卷调查具有两个鲜明特点：一是可以提供其他渠道难以获得的信息。以往我们从需求方——企业和居民了解信贷市场情况，而银行家问卷调查可以从供给方——银行了解信贷需求、利率执行情况和审批条件等信息。从审批条件看，由于单纯利率杠杆无法完全有效配置银行信贷资产，因此信贷额度、担保抵押等审批条件在信贷资源配置上发挥着更重要的作用，而这些信息无法从传统金融统计渠道获取。二是包含短期内宏观经济运行情况的信息。主要表现在：信贷需求、利率水平、审批条件等可能通过影响贷款投放量而最终影响实体经济走势；银行家对宏观经济形势的看法可能会反映在银行家对信贷需求的判断上，同时也可能影响利率水平和审批条件的设定，如当银行普遍认为经济形势具有较好前景时，银行一般都乐意贷款，因此利率水平可能会下浮或审批

条件相应宽松，反之亦然。

（二）湖南省银行家问卷调查基本情况

湖南省从 2004 年开始进行银行家问卷调查，目前参与调查的银行共有 117 家，其中，大型商业银行 71 家、股份制银行 9 家，农村合作金融机构 20 家。银行家问卷调查对象均为各银行机构总部负责人及其一级、二级分支机构的行长或主管信贷业务的副行长。调查时间安排在每年 2 月、5 月、8 月、11 月的下旬，以确保调查分析结果能为货币政策决策提供前瞻性的信息。

二、银行家问卷调查结果与GDP、CPI的相关性分析

（一）银行家对经济形势的判断与GDP增速相关性较强

银行家关于宏观经济形势的判断用经济热度指数来反映，该指数越大说明银行家认为经济偏热，反之认为经济偏冷。因此，可以通过对经济热度指数与GDP的相关性大小来判断银行家对经济形势判断的准确性。相关性分析结果显示，湖南省经济热度指数与GDP增速的相关系数为 0.374，相关性较弱。但我们从二者走势图（见图1）发现，2008 年经济热度指数和GDP增速均出现较大变

化，因此有必要对 2008 年前后分段进行分析。分段分析结果显示：2004~2007年二者的相关系数较高，达到 0.675；2008 年，相关性略降且为负相关，相关系数为 -0.665；从 2009 年开始，相关性恢复为正相关，相关系数为 0.628。

从经济热度指数与GDP增速变动趋势可以看出，2008 年金融危机以前 GDP增速逐步上升，经济热度指数虽有波动，但总体趋势同样表现为上升，二者均于2007 年四季度达到最高值。2008 年由于金融危机的影响，银行家们对宏观形势的判断普遍悲观，经济热度指数逐渐下滑至 14.47% 的历史最低水平；同时由于下半年"四万亿元"刺激政策的作用，GDP增速从一季度的 9% 迅速回升，三季度、四季度均超过 12%。从 2009 年开始，经济热度指数和GDP的走势又恢复相同趋势，均呈现先升后降的态势（见图1）。

由此可以看出，经济热度指数与GDP增速总体相关性较弱的原因是 2008年金融危机和"四万亿元"刺激政策分别对金融和经济运行造成严重冲击，导

图1　经济热度指数与GDP增速变动趋势图

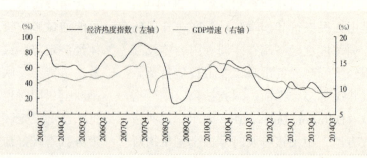

数据来源：中国人民银行长沙中心支行调查统计处和湖南省统计信息网。

致银行家对经济形势的判断与实际情况不符。经济形势的大起大落，特别是经济严重下行和出台大量刺激政策时，会影响银行家们对宏观经济形势的判断，但是在经济运行平稳时期银行家们对经济形势的判断与 GDP 增速相关性较强。

图 2　预期居民消费价格指数和 CPI 变动趋势图

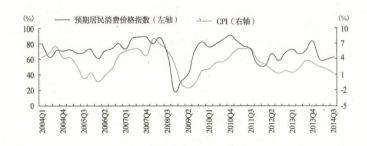

数据来源：中国人民银行长沙中心支行调查统计处和湖南省统计信息网。

（二）银行家对物价走势的预期与 CPI 实际走势相关性强

银行家问卷调查中关于物价的调查通过预期居民消费价格指数来反映，该指数越高，说明银行家认为未来物价普遍偏高，反之偏低。我们将其与实际 CPI 进行相关性分析，结果显示二者相关系数为 0.504，相关性较弱。考虑到银行家对预期物价的判断可能更多的包含对未来一个季度的判断，因此我们将滞后一期 CPI 与预期居民消费价格指数进行相关性分析，结果显示相关系数提高到 0.703，二者相关性较强。说明银行家对未来物价走势的判断较为准确。

从预期居民消费价格指数和 CPI 变动趋势可以看出，CPI 的走势呈现周期性波动。分别于 2004 年三季度、2008 年一季度和 2011 年三季度达到峰值，2006 年一季度、2009 年二季度和 2012 年三季度达到低谷（见图 2）。而预期居民消费价格指数基本上比 CPI 早一个季度达到峰值或低谷，而且走势和幅度吻合度较高。

三、银行家问卷调查对部分经济金融指标的预测性分析

为了检验调查结果对经济金融指标的预测性，我们先选取相关指标进行相关性分析，然后建立线性回归模型来验证。银行家问卷调查中关于货币政策和贷款利率的问题是直接询问银行家对当前中央银行货币政策、利率水平的感受情况。这两个指数与实际贷款发放情况有一定关系，若银行家感受到货币政策宽松，利率水平偏低，那么他们就会在贷款发放上作出相应调整，放出更多贷款，反之则会减少贷款发放量。贷款的变动也将对经济活动中的投资增速产生一定影响。因此，我们选取问卷调查结果的货币政策指数和贷款利率指数与经济金融运行中的贷款增速和固定资产投资增速进行相关性分析，并建立回归模型。

表　货币政策、贷款利率、审批条件指数与贷款增速的相关系数表

指数	经济金融指标	货币政策	贷款利率
各项贷款增速	当前期	0.692**	−0.545**
	下一期	0.782**	−0.287
固定资产投资增速	当前期	0.660**	−0.583**
	下一期	0.556**	−0.472**

注：** 表示在置信度为 1% 时，相关性是显著的。

数据来源：根据中国人民银行长沙中心支行调查统计处和湖南省统计信息网数据计算。

（一）银行家问卷调查结果与贷款和投资增速相关性强

贷款增速和投资增速与货币政策指数的变动趋势大致相同，与贷款利率指数的变动趋势大致相反，因此初步判断它们存在一定的相关性。为了检验货币政策指数和贷款利率指数与贷款增速和投资增速的关系，我们分别进行相关性分析。

1. 货币政策指数与贷款和投资增速的相关性分析。将货币政策与贷款增速、投资增速进行相关性分析，结果显示相关系数分别为 0.692 和 0.660，说明货币政策与贷款增速、投资增速均存在较高相关性。考虑到货币政策对贷款的影响具有一定的滞后性，我们将货币政策指数与滞后一期贷款和投资增速进行相关性分析，二者的相关系数分别为 0.782 和 0.556（见表）。说明货币政策指数与滞后一期贷款增速的相关性略高于当期，与滞后一期投资增速的相关性略低于当期。

2. 贷款利率指数与贷款和投资增速的相关性分析。用同样的方法对贷款利率指数与贷款增速、投资增速进行分析，结果显示贷款利率指数与当期贷款和投资增速的相关性分别为−0.545 和−0.583，与滞后一期的相关性分别为−0.287 和−0.472。说明贷款利率指数与当期贷款和投资增速的相关性高于滞后一期。

（二）模型运用

在实际运用中，由于银行家问卷调查结果较当期经济金融数据公布早一个多月，因此，利用银行家问卷调查结果中的货币政策指数和贷款利率指数，通过回归模型便可以预测出实际贷款和投资的增速。用 2014 年三季度的银行家问卷调查数据预测出的前三季度贷款和投资增速分别为 14.16% 和 19.14%，而实际值分别为 13.2% 和 19.9%，误差分别为 7.6% 和 3.8%。

四、启示与建议

（一）银行家问卷调查结果与实际信贷市场走势较为一致，可利用调查结果为金融机构信贷投放进行窗口指导

由于银行家比较重视并且积极配合、调查制度执行情况较好，湖南省银行家问卷调查数据质量较高，调查结果与实际信贷市场走势较为一致。在当前中央

银行货币政策"定向定量"宽松新常态及各商业银行实行适度从紧信贷规划的背景下，可以利用银行家问卷调查平台，密切监测金融机构信贷投放情况及利率执行水平等信息，对于及时掌握并引导金融机构信贷投放行为具有重要意义。

（二）银行家问卷调查对经济走势有一定的预测性，应充分发挥该调查服务于宏观决策的作用

实证分析结果显示，银行家问卷调查结果对贷款和投资增速等经济金融指标有一定的预测性，通过回归模型可以行定量预测。作为中央银行分支机构，应充分发挥自身的履职能力，今后要加强对银行家问卷调查历史数据的深度挖掘和分析运用，也可以加强与政府相关部门的信息共享，开展类似调查数据的比较研究，使问银行家卷调查结果在货币政策效应分析和地方经济决策过程中发挥更好的作用。

（三）应加强对银行家心理感受模式的分析，以进一步提高分析预测的准确性

银行家问卷调查涉及很多主观判断和预测，不同的银行家对问题的心理感受不同，导致同一调查题目的答案往往蕴含了各种各样的个人意图。因此，应加强对银行家心理感受模式的分析，着重分析影响银行家判断和预测的主客观因素。工作中应加强与银行家的交流和沟通，使其明确问卷调查的目的，同时采取正面激励的方法，促使银行家认真答卷，使问卷调查结果能真实、全面地反映实际情况的变化，以进一步提高分析预测的准确性。

新形势下河南省商业银行负债管理
状况调查分析

中国人民银行郑州中心支行调查统计处

目前，贷款利率已全面放开，存款利率市场化推进节奏加快，互联网金融风声水起，"宝宝类"货币市场基金快速增长，理财产品创新如火如荼，存款、同业负债等银行负债业务经营压力倍增，负债成本越来越高，以存款为代表的被动负债的稳定性也面临较大的挑战，其对商业银行盈利能力、风险状况等产生了重要影响。近期，人民银行郑州中心支行组织部分银行针对负债管理状况进行了专题调查。

一、商业银行负债管理现状

（一）存款在负债中的占比高位回落，股份制商业银行、城市商业银行同业负债、理财产品、债务证券的重要性趋升

1. 存款在负债中的比重逐步降低，同业负债、理财产品、债务证券升势明显。河南省人民币存款增速由 2011 年末

的 15.6% 降至 2014 年末的 11.7%，3 年下降了 3.9 个百分点，其在负债中的占比逐步降低，2014 年末存款占负债①的比重比 2011 年末下滑了 6.2 个百分点。存款下滑的主要原因是互联网金融、理财产品、影子银行、民间融资快速发展，以及 2014 年下半年以来资本市场回暖复苏的影响。近年来，商业银行加大了同业业务的开拓力度，带动同业负债由 2011 年末的 6% 升至 2014 年末的 11.6%，3 年上升了 5.6 个百分点。受互联网金融理财、存款分流等因素影响，金融机构不断推出和创新理财产品，理财产品销售快速增长；由于多数分支机构、农村金融机构没有开发理财产品的权限，只能开展理财产品代售业务，其非代售理财产品占比较低（见表）。当前，仅法人金融机构具有债务证券发行权限，河南省法人

---

① 本文负债类指标统计范围为典型调查金融机构，包括 2 家国有商业银行、2 家股份制商业银行、3 家城市商业银行、3 家农村金融机构、2 家外资银行，下同。

表　2011年以来银行负债结构变动情况　　　　　　　　　　　　（单位：%）

项目 年份	2011	2012	2013	2014
存款	89.0	84.5	84.6	82.8
同业负债	6.0	11.4	10.8	11.6
债务证券	0.1	0.1	0.5	0.9
理财产品	0.6	0.2	0.3	1.7

数据来源：河南省银行负债管理状况典型调查。

金融机构少，债务证券发行量低。2014年末，理财产品、债务证券占负债的比重分别为1.7%和0.9%，比2011年末分别高1.1个和0.8个百分点。

2. 不同类型的银行负债结构差别较大，大型商业银行、农村金融机构存款占比高，股份制商业银行、城市商业银行同业负债业务量大幅增加。从不同类型银行看，大型商业银行、农村金融机构、城市商业银行存款占比高，2014年末其存款占负债的比重分别为92%、81.8%和71.3%；股份制商业银行、城市商业银行、农村金融机构同业负债业务量明显增加，2014年末其同业负债占负债的比重分别为29.4%、22.8%和13.6%。2014年末，城市商业银行债务证券占负债的比重为3.7%，其他类银行没有发行债务证券。从理财产品看，城市商业银行、外资银行理财产品余额占负债的比重分别为8.4%和10.9%，其他类银行自身没有发行理财产品。

（二）负债期限拉长，但借短用长特征依旧明显

银行负债长期化趋势明显。2011年末，受调查金融机构1年以内到期的负债占比为75.1%，之后持续下滑，2014年末降至65.4%，3年下降了9.7个百分点；1年以上到期的负债占比从2011年末的23.6%升至2014年末的30.7%，3年上升了7.1个百分点。从不同类型银行看，城市商业银行、农村金融机构短期债务处于绝对优势地位，2014年末，其1年以内到期的债务占比分别为84.5%和77%；股份制商业银行、大型商业银行、外资银行中长期债务明显高于其他类型银行，2014年末，其1年以上到期的债务占比分别为49.3%、32.9%和26.7%。从存款期限看，定期化趋势明显，定期存款占存款的比重由2011年末的36.4%升至2014年末的39.3%，3年提高了2.9个百分点。1年以内到期的资产负债比由2011年末的199.1%降至2014年末的180.2%，3年下降了18.9个百分点，1年以上到期的资产负债比由2011年末的56.7%升至2014年末的72.3%，3年上升了15.6个百分点。从趋势看，银行的负债期限拉长，但由于短期负债成本低，出于盈利性考虑，银行依旧喜欢借短用长。据对中国银行河南省分行、民生银行郑州分行的调查显示，由于资产负债期限不匹配，它们通常采用系统内上借资金、同业拆放等方式缓解流动性支付压力。

（三）利息支出、营业支出快速增长，城市商业银行、外资银行、大型商业银行表现较为明显

2011~2014年，受调查金融机构利息支出年均增长22.9%，其中定期存款利息支出年均增速达24.4%。从不同类型银行看，城市商业银行、外资银行利息支出年均增速分别为52.4%和51.7%。银行营业支出从2011年的136亿元升至2014年的261.4亿元，年均增长24.3%；从不同类型银行看，城市商业银行、大型商业银行营业支出年均增速分别为48%和18%。在经济新常态背景下，金融体制改革逐步深入，利率市场化、互联网金融兴起、民营银行破冰、多层次资本市场发展等因素推升金融市场整体负债成本上涨，营业支出加大。

（四）多数银行负债稳定，机构间稳定性趋势特征存在差异

尽管近年来存款增势放缓，但从稳定性负债①指标看，其占负债的比重从2011年末的50.2%升至2014年末的57.2%，3年提高了7个百分点。不同类型银行间稳定性负债比重存在差异，大型商业银行稳定性负债占比有所下降，从2011年末的50.9%降至2014年末的48.4%；股份制商业银行、城市商业银行、农村金融机构、外资银行逐步提升，分别从2011年末的42.7%、55.2%、40.1%、14.3%升至2014年末的75.4%、69.9%、52%和31.7%。2014年9月存款

偏离度政策实施以来，银行存款的稳定性显著增强，9月、12月当月存款分别新增238.8亿元和-266.7亿元，同比分别少增140.8亿元和276.1亿元，而当年3月、6月分别增加1669.4亿元和1527.1亿元；2014年末多数银行存款偏离度指标控制在3%以内，季度末存款冲时点特征明显减弱，稳定性显著增强。从活期存款稳定率指标看，大型商业银行、农村金融机构位于90%以上，股份制商业银行、城市商业银行处于80%附近，2家外资银行稍低。从调查情况来看，全国性银行由于实行资金统一核算管理，分支机构没有直接的流动性压力；地方法人金融机构需要通过存款、同业负债及发行债务证券、理财产品等方式来调节流动性，受金融市场资金充裕程度的影响大。以同业负债为例，2013年资金市场供求的大幅波动对同业负债产生了较大影响，部分地方法人金融机构流动性紧张。

二、银行负债管理策略的调整状况及面临的挑战

（一）银行应对负债变化的策略

1. 大力压缩负债成本。第一，积极优化负债结构，在发展导向和绩效考核中对低息存款实行鼓励性倾斜政策，对于成本较高的存量存款，到期后不再续做。第二，加大内部资金运营的前瞻性

---

① 本文稳定性负债包括除活期存款之外的存款、同业负债和债务证券。

和科学性管理，通过合理匹配上存资金，确保内部资金收益最大化。第三，认真做好资金成本与收益核算，把高成本负债匹配、投放到高收益资产，以此对冲成本上升对效益的侵蚀。据对中国银行河南省分行的调查显示，2014年，该行人民币负债付息率较上年尽管提高了9个基点，但人民币资产收益率提升了11个基点，高出成本付息率2个基点。

2. 积极拓宽负债渠道。如中国银行河南省分行突破存款发展瓶颈，瞄准航空港区建设、城镇化建设、粮食主产区和产业转移四大重点资金投入领域，依托资产业务、承兑业务、发债市场、资金募集等平台，沿着大型客户资金支付链和产品供应链拓展客户、稳定存款，深化分层分类差异化营销体系建设。民生银行郑州分行加强主动负债管理，将协议存款、结构性存款、保本理财等主动负债业务作为一般性存款的补充，合理规划同业业务的规模和结构，进一步扩大同业客户基础。

3. 创新服务产品和服务方式。例如，民生银行郑州分行多手段推动结算类存款增长，在总行框架内，提升客户定制式现金管理业务能力，推动结算、现金管理、账户透支、交易融资类产品的组合销售和联动开发。中国银行河南省分行通过供应链融资、足额承兑、票据贴现、现金管理、代发薪、代缴费、基金、第三方存管、贵金属、双向宝、表内外理财、商户POS等产品组合与交叉销售，增强交易撮合能力，促进资金体内循环，最大限度地发挥各类存款产品对于存款的稳定和带动作用。

（二）商业银行负债管理面临的挑战

1. 利率定价日益复杂，风险压力提高。伴随利率市场化的深入推进，利率波动的频率和幅度将大大提高，利率的期限结构和定价管理也将更加复杂；相对于负债成本和价值来讲，银行资产收益与价值会发生不对称变化，致使银行利差缩小，盈利能力降低。金融产品和工具的创新对银行资产负债管理技术和方法提出了新的更高的要求，目前银行在利率风险管理方面实战能力不足，如何通过合理定价来兼顾存款规模与利润增长目标，如何合理安排负债结构、采取对冲措施应对市场利率的不利变动等，均是未来银行亟需面对的重大难题。

2. 主动负债管理难度加大。未来负债管理竞争主要体现在主动负债方面，主动负债管理和营销是银行综合经营能力的表现，而当前多数银行尤其是农村金融机构负债产品结构单一，一般存款占比较大，其应对利率市场化挑战的产品、定价能力基础薄弱，银行主动负债面临较大的挑战。

3. 同业负债波动性较大。以民生银行郑州分行为例，2011~2014年同业存款新增额分别为-16亿元、180.8亿元、-38.5亿元和116.7亿元，同业存款波动幅度较大。同业业务的稳定性对分行流动性管理影响较大，尤其在资金市场紧张或出现极端情况下，同业到期业务对流动性管理造成的压力最为显著。2014年一季度，全省金融机构同业负债①增加

① 本文同业负债指标统计口径为全省金融机构的卖出回购资产、同业存放和同业拆借。

了 124.3 亿元。5 月初,《关于规范金融机构同业业务的通知》加强了对金融机构同业业务的管理,受此影响,同业负债业务量增势放缓,二季度仅增加 66.1 亿元,三季度减少 258.9 亿元。进入四季度,银行同业负债出现了大幅反弹,增加了 569.3 亿元。

4. 金融脱媒趋势愈发明显。当前,效益较好的优质、大型客户融资渠道多样化,可以通过非银行渠道和工具进行投融资,其对银行信贷资金的有效需求持续降低,致使银行依托信贷客户拓展负债业务的困难提高。

三、商业银行负债管理的发展方向

(一) 高度重视和拓展存款外负债业务

理财、发债及同业业务区别于传统的负债业务,是传统负债业务的有益补充,是利率市场化与商业银行业务转型的新型载体。伴随利率市场化的进一步推进及商业银行综合经营改革的深入,银行将逐步扩大非传统负债业务的应用范围,大力开展资产证券化业务,努力拓展同业存单及即将面向企业和个人发行的大额存单,合理配置负债产品期限。

(二) 完善负债定价管理机制

未来银行应根据市场利率变动情况,提高负债利率定价的前瞻性和时效性,尽快建立与实际相适应的负债业务利率管理体系,最大限度地提高利率定价的科学性,从而实现提高市场竞争力与盈利水平的双重目标。

(三) 建立和完善负债业务管理制度

银行应不断完善负债管理规定,规范实际业务操作内容和程序,立足市场实际,找准客户目标,做好负债业务的增长预测和统筹管理,推动负债业务持续稳步增长。

(四) 加强流动性管理

目前,商业银行十分重视盈利性、安全性管理,各级金融机构制定了许多有关经营考核指标,但对流动性的考核管理力度不够。未来,伴随存款保险条例的实施,市场调控手段的加强,流动性管理是银行经营必须面对的重大问题。在存款等传统负债业务比重下滑的背景下,银行应提高主动负债管理水平,用同业负债、债务证券和理财资金等新兴负债工具和方式管理好流动性。

执笔:赵庆光

存贷款统计口径调整效应有待进一步观察

中国人民银行长春中心支行调查统计处

2015 年前后，人民银行先后发布《关于存款口径调整后存款准备金政策和利率调整政策有关事项的通知》（银发〔2014〕387 号）和《关于调整金融机构存贷款统计口径的通知》（银发〔2015〕14 号），提出将非存款类金融机构存放在存款类金融机构的款项纳入"各项存款"统计口径，将存款类金融机构拆放给非存款类金融机构的款项纳入"各项贷款"统计口径，其中，上述新纳入口径的增量存款计入存款准备金缴存范围，适用的准备金率暂定为零。

一、政策意图：短期有助于释放流动性和降低社会融资成本，中长期提高货币政策有效性并与国际规则接轨

一是有助于向市场释放流动性。部分同业存款纳入"各项存款"范围使得存贷比的分母放大，缓解了银行特别是中小银行的存贷比压力。海通证券研报

测算，中央银行此举将使得商业银行的存贷比平均下降 5%，也就意味着全国有 5.5 万亿元的信贷额度释放空间。据人民银行长春中心支行测算，吉林省各银行业金融机构存贷比平均下降 0.5 个百分点，将释放大约 82 亿元的新增贷款，相当于 2014 年全年增量的 38.7%。

二是有助于降低社会融资成本。伴随着存贷比的下降，可预见银行揽储压力有所减轻，同时，准备金暂定为零有利于稳定资金面及降低银行资金成本，有助于化解当前社会融资成本高的问题。此外，结合利率市场化改革，中央银行于 2015 年前后分别落实"降息"和"降准"政策，这在增强银行体系流动性供给的同时为降低社会资金成本打下了重要基础。2014 年末全省企业贷款加权平均利率比年初下降 41 个基点，四季度民间融资年化利率同比下降 162 个基点，预计 2015 年全省社会融资成本仍会稳步下降。

三是有助于提高货币政策有效性。此次统计口径调整前，受新股发行和存款冲时点等因素影响，季末存款规模和资金价格容易出现大幅波动，在一定程度上削弱了货币政策效果。调整后，存贷款统计口径涵盖了存款类金融机构与非存款类金融机构之间大部分的资金往来，因此，资金在这两部分之间的相互转移不会引起存款规模和资金价格的大幅波动，由此提高了货币政策的有效性。

四是有助于与国际统计规则接轨。在货币的发行和派生过程中，非存款类金融机构与企业和个人具有基本相同的作用，其存贷款与普通企业和个人的存贷款不存在实质区别。按照国际货币基金组织的标准，存款类金融机构与非存款类金融机构之间的资金往来应该纳入存款和贷款。早在 2011 年 10 月，人民银行就已将非存款类金融机构存放在存款类金融机构的款项计入广义货币，而通过这次口径调整，"各项存款"口径与广义货币的存款口径基本一致。

二、报表调整：信贷收支表体系划分三个层次，并逐步向资产负债表转型

金融机构存贷款统计口径调整后，统计报表框架、项目及数据归属也发生了较大变化，具体情况如下：

一是将信贷收支表体系划分为三个层次。第一个层次为金融机构信贷收支合并表，涵盖存款类金融机构和银行业非存款类金融机构。全国采用完全合并方法编制，区域报表采用部分合并方法编制。第二个层次为存款类金融机构信贷收支合并表，涵盖人民银行和银行业存款类金融机构。全国和区域报表合并方法同上。第三个层次为人民银行信贷收支表、银行业存款类金融机构信贷收支表，银行业非存款类金融机构信贷收支表、全国及区域报表均采用平衡汇总方法编制。

二是传统的信贷收支表正向资产负债表转型。传统的信贷收支表左侧反映资金来源，右侧反映资金运用，各项存款直接按部门进行分类，各项贷款按境内外、期限依次分类。转型后的信贷收支表左侧反映负债，右侧反映资产，存贷款两侧统一按境内外、部门、期限及产品品种依次分类，并分别在负债方、资产方单独列示非存款类金融机构存款和非存款类金融机构贷款。目前各类信贷表中，合并表尚未转型，汇总表正在转型，但存贷款分类均更科学。

三是合并表中的金融机构同业往来的统计口径缩窄。"同业往来"仅将存款类金融机构间的交易列为同业交易，银行业存款类金融机构间的交易已完全合并，不再反映。为了反映报表机构与非银行业金融机构的回购交易，分别在资金来源方和资金运用方中增设"卖出回购资产"、"买入返售资产"项目。为反映报表机构与非银行业金融机构其他资金往来，分别在资金来源方和资金运用方中增设"借款及非银行业金融机构拆入"、"存放非银行业金融机构款项"项目。

三、数据变动：银行业可贷资金增加近 80 亿元，与非银行业金融交易呈现净资产，非银行业金融机构存贷差较大

一是全省可贷资金增加近 80 亿元。根据调整后的存贷款口径，2014 年末全省本外币各项存款余额为 16637.44 亿元，比原口径多出 111.10 亿元；各项贷款余额为 12699.44 亿元，比原口径多出 4.19 亿元。很显然，存贷款口径调整有助于全省的流动性释放。按监管部门 75% 的存贷比考核指标匡算，存贷款口径调整后全省可贷资金增加 79.13 亿元。

二是与非银行业金融交易呈现净资产。以非银行业金融机构为交易对手方，2014 年末全省银行业金融机构的卖出回购资产余额 41.70 亿元，借款及非银行业金融机构拆入余额 6.65 亿元，买入返售资产余额 237.35 亿元，存放非银行业金融机构款项余额 1.1 亿元。以上合计，银行业金融机构对非银行业金融机构交易负债 48.35 亿元，交易资产为 238.45 亿元，净资产为 190.10 亿元，反映当前全省银行业运行整体稳健。

三是非银行业金融机构存贷差较大。2014 年末全省非银行业金融机构存款余额为 227.15 亿元，占各项存款的比重为 1.4%；非银行业金融机构贷款余额为 3.00 亿元，占各项贷款的比重仅为 0.2‰。非银行业金融机构净存贷差较大，有助于扩大银行业金融机构的资金来源和信贷投放，对降低全省融资成本有正向的促进作用。

四、关注问题：存贷款统计口径调整效应有待进一步观察

一是提高放贷能力需要其他监管政策配合。一方面，虽然中央银行调整了存贷款统计口径，但存贷比计算口径的调整归银监会管理，两者是否会保持一致还有待观望。另一方面，银行信贷投放不仅受制于存贷比指标，还受到合意贷款额度、资本充足率等多重监管指标的约束，鼓励银行加大放贷力度，还需要其他监管政策配合。

二是口径调整可能带来资金成本倒挂问题。通常来说，新纳入各项存款口径的款项的资金成本要高于一般性存款。此次调整后，由于准备金暂定为零，这部分存款的实际成本将降低，考虑到一般性存款利率上浮区间已提升到 1.2 倍，而目前银行间市场资金宽裕，有可能出现两类存款成本"倒挂"的情况。

三是实体经济资金需求不旺抑制贷款增加。2014 年全省经济增速为 6.5%，同比回落 1.8 个百分点，远高于全国下降幅度。受实体经济增长放缓影响，有效信贷不足的情况短期内难以改变。四季度全省银行家问卷调查显示，金融机构贷款需求指数比上季度降低 2.8 个百分点，其中，固定资产和个人消费的贷款需求指数分别比上季度降低 2.1 个和 4.2 个百分点。

执笔：张建平　郭佩颖

2015 年存贷款口径调整的影响分析
——以厦门市为例

中国人民银行福州中心支行调查统计处
中国人民银行厦门市中心支行统计研究处

中国人民银行先后发布了《关于存款口径调整后存款准备金政策和利率管理政策有关事项的通知》（银发〔2014〕387号）和《中国人民银行关于调整金融机构存贷款统计口径的通知》（银发〔2015〕14号），明确规定将于2015年起对存贷款统计口径进行调整，将非存款类金融机构存放在存款类金融机构的款项纳入"各项存款"统计口径；将存款类金融机构拆放给非存款类金融机构的款项纳入"各项贷款"统计口径。此次存贷款统计口径修订有利于金融统计与国际通行规则的逐步接轨，有利于准确反映市场整体的存贷款总量，有利于提高货币政策的有效性，并且不会对货币供应量统计与社会融资规模统计产生直接影响。具体而言，还可能产生如下影响。

一、辖区存款余额增加，理论上提高了银行信贷投放能力

2015年非存款类金融机构①存放在存款类金融机构②的款项将纳入"各项存款"统计口径；存款类金融机构拆放给非存款类金融机构的款项将纳入"各项贷款"统计口径。据2014年12月末相关数据测算，因统计口径调整将使辖区本外币各项存款增加约832.61亿元，占12月末全市本外币存款余额的11.79%③；

---

① 非存款类金融机构包括银行业非存款类金融机构、证券业金融机构、保险业金融机构、交易及结算类金融机构、金融控股公司、特定目的载体、境内其他金融机构及境外同业。

② 存款类金融机构包括人民银行和银行业存款类金融机构，其中银行业存款类金融机构包括国家开发银行及政策性银行、国有商业银行、股份制商业银行、邮政储蓄银行、城市商业银行、农村商业银行、农村合作银行、村镇银行、外资银行、民营银行、农村信用社、农村资金互助社和企业集团财务公司。

③ 2014年12月厦门市本外币存款余额7064.61亿元，同比增长10.72%。

表　2014 年 12 月末厦门市金融机构同业存放拆放一览表　　　　（单位：亿元）

统计指标	人民币	外汇折人民币	本外币合计
同业存放款项	1534.56	42.46	1577.02
其中：境内银行业存款类金融机构存放	721.84	20.12	741.96
境内非银行业金融机构存放	812.72	19.89	832.61
其中：境内银行业非存款类金融机构存放	105.53	0.00	105.53
境内证券业金融机构存放	76.46	0.41	76.87
境内保险业金融机构存放	126.12	10.13	136.25
境内特殊目的载体公司存放	296.39	7.65	304.04
境外同业存放	208.21	1.70	209.91
拆放同业款项	24.75	12.68	37.43
其中：拆放境内银行业存款类金融机构	24.75	12.68	37.43
拆放境内非银行业金融机构	0	0	0

注：境内交易及结算类金融机构存放、境内金融控股公司存放和境内其他金融机构存放三项本外币合计 100.55 万元，其中人民币存放 100.03 万元，外汇折人民币存放 0.53 万元。

新纳入辖区本外币各项贷款额为 0，故新的存贷款口径将使厦门市平均存贷比由 94.05% 下降到 84.13%。按照现行存贷比 75% 的监管上限，理论上辖区可增加信贷供给约 624.46 亿元，具体可增加的信贷规模更大程度上受到合意贷款规模、资本充足率和杠杆率等因素制约。

二、有利于辖区银行在符合存贷比和存款偏离度监管考核的前提下，增强业务操作管理的灵活度

新的存贷款口径减轻了银行吸收存款的压力，降低了银行应对存贷比考核、月末和季度末冲报表规模等监管指标硬性约束而付出的额外成本。此外，同业存款具有资金量较大、业务类型多样、操作灵活等特点，新的存款口径拓宽了银行降低吸收存款成本的渠道，增强其业务操作管理的灵活度。

三、有利于加强同业业务监管，进一步约束银行的非标业务

2014 年中国人民银行、银监会等部委先后下发了《关于规范金融机构同业业务的通知》（银发〔2014〕127 号）、《关于规范商业银行同业业务治理的通知》（银监办发〔2014〕140 号）、《关于加强银行业金融机构人民币同业银行结算账户管理的通知》（银发〔2014〕178 号），进一步对创新不断的银行同业业务加强了规范与管理，将非标资产清理出银行间同业科目。此次存贷款口径调整将部分同业业务资金往来纳入"各项存款"与"各项贷款"统计口径，有助于提高同业资产与同业负债的透明度，提升对同业业务监管的监控层次，也有

助于引导银行通过投资金融市场标准化的产品来调节与保持存款的稳定，控制合理信贷规模，进一步约束了银行的非标业务。

四、有利于推进利率市场化

此次存款口径调整将采取市场化定价的同业存款与官方定价的一般性存款糅合在一起，未来市场化的同业存款收益率曲线和官方定价的一般性存款收益率曲线可能会逐步融合，未来通过调节货币市场流动性和货币市场利率即可对同业存款利率产生影响，进而对整条存款利率曲线产生影响，从而增强对银行资金成本的调控能力，最终实现利率市场化。

五、短期可能会推高中小银行资金成本，警惕个别银行利用非银同业存款作为通道规避监管的风险

目前，部分同业存款纳入各项存款

统计口径后暂不需缴纳存款准备金。对于商业银行来说，吸收这部分同业存款既有助于扩充存款规模又不需额外缴纳存款准备金，短期可能会促使各家银行特别是中小银行争抢这部分同业资金，进而推高同业存放资金价格，造成中小银行资金成本上升；同时可能导致个别资产管理能力较强、渠道丰富的银行，将一般存款，尤其是大额定期存款，绕道同业转为非银同业存款，以规避存款准备金缴纳来提高资金收益率。

执笔：张　立

国际油价下跌给油气相关产业带来的负面影响值得关注

中国人民银行成都分行调查统计处
中国人民银行达州市中心支行调查统计处

从 2014 年中以来，油价下跌约 45%，从 1 月末开始出现小幅上涨，但均未突破 65 美元/桶。不断下跌的油价会导致油气勘探、开发业务利润的大幅下降。同时，也会影响支持页岩气革命的风险投资和私募股权投资基金对页岩油气的资本支持，甚至可能导致该行业资金链断裂，从根本上威胁非常规油气的发展。本文以川东北天然气项目为例，分析油价下跌冲击国内油气产业带来的风险，并提出相关建议。

一、国际油价下跌现状、原因及预期

（一）国际油价现状

自 2014 年 6 月以来，国际石油价格结束了自 2009 年以来持续上涨、高位震荡的行情，连续下跌，创下了近 5 年来的新低，最低跌破 50 美元/桶，虽从 1 月末开始出现小幅上涨，但均未突破 65 美

元/桶。而 2011 年以来，美国油价一直在 115 美元左右浮动，这几个月下跌幅度非常大。油价持续下跌导致多家石油巨头宣布减少投资，在钻井数量急剧减少和美国石油工人大罢工的刺激下，1 月末 2 月初连续 4 个交易日纽约和布伦特油价连续大幅上涨，涨幅累计分别超过 19% 和 17%。近日，产油国利比亚和尼日利亚地缘政治紧张，中国下调存款准备金率，美国就业人数增长、油井数量下降，一系列因素推动油价再次上涨。国际油价在涨跌互现中缓慢前行。

（二）国际油价下跌原因分析

1. 全球经济增速放缓导致石油需求下降。从国际经济基本面来看，2014 年全球经济继续复苏，但不同经济体步伐不均衡，复苏势头总体偏弱。除了靠页岩气革命的美国经济复苏较为稳定清晰之外，欧盟经济仍深陷欧债危机之后的泥淖之中，中国作为最大的新兴市场国

家的经济增速在显著放缓，日本经济刺激政策的效果并不明显，这些因素共同导致全球市场石油需求变得疲弱。2014年的原油需求增长降至2009年以来的低点。国际能源署（IEA）在2014年10月的《石油市场报告》中，预测2015年全球石油日均需求增长110万桶，比9月的预测下调了10万桶。

2. 全球石油供应增加导致产能过剩。美国页岩气革命带来的技术创新使得美国石油产量大幅增加。石油输出国组织为保持石油定价权，大量提高石油产量，非欧佩克国家也在增产。2014年前三个季度，全球日均石油供应9230万桶，较上年同期增长163万桶[①]。利比亚、伊拉克、南苏丹和尼日利亚虽然面临着各种不稳定，但是它们都保持了稳定的石油生产，这使得石油市场的供给十分充足。

3. 美元升值和投机者抛仓因素助推油价下滑。2014年10月29日，美联储宣布退出持续6年的量化宽松政策。美国解除货币刺激的做法推高了美元汇率，美元强势升值加速，推动以美元计价的石油价格下跌。同时，大部分投机者持续抛仓，国际油价下跌起到了推波助澜的作用，加速了国际油价的下滑。

4. 地缘政治因素。以美国为首的西方国家乐见低油价打击俄罗斯经济，使俄罗斯缺乏与西方经济抗衡的经济基础，报复俄罗斯吞并克里米亚，同时促进欧洲经济复苏。据测算，原油价格需要维持在104美元/桶，俄罗斯才能维持财政收支平衡。

（三）国际油价预期

在油价不断下跌的作用下，除了沙特和俄罗斯等产油大国因收入减少而削减财政预算外，各大石油公司也开始着手削减2015年的支出预算。英国石油公司、雪佛龙和美国石油巨头埃克森美孚公司均在其列。同时，低油价抑制采油业活力，美国油田技术服务公司贝克休斯6日发布的数据显示，过去9周美国运营的油田钻井数持续下降。

市场重回供需平衡的解决之道是削减产能。相比石油企业的资本支出以及钻井平台数量等数据，直接影响市场供需的是原油产量。但欧佩克石油输出国组织拒绝减产，欧佩克2015年1月日均产量为3037万桶，高于2014年12月修正后的3024万桶。阿尔及利亚称将考虑提高石油产量以增加收入，该国正加紧10多个油田的开关。全球供应过剩依然是个最大的问题，需求并不会因油价下跌而迅速上涨，而是需要一段时间反应。目前全球原油供过于求的局面尚未根本改变，供需宽松态势仍将持续，国际油价仍面临较大下行压力，但低油价令原油供应的增速放缓，油价会有所反弹，但均价在60~70美元/桶，油价在市场供需平衡的过程中波动将加大。

二、川东北石油天然气开采项目概况、进度及远景

（一）项目概况

川东北天然气项目是中国石油天然气集团（以下简称中石油）与美国雪佛

① 彭元正：《国际油价下跌与石油企业的应对思路》，载《中国石油企业》，2014 (12)。

龙公司（以下简称雪佛龙）共同投资的、中国最大的非常规天然气对外合作项目，中石油和雪佛龙公司对该项目分别持股51%和49%。2007年12月双方签署了长达30年的《川东北高含硫合作勘探开发合同》（以下简称合同）。合作区块主要位于四川省达州市宣汉县、万源市和重庆市的开县境内。该项目是西南油气田开发建设300亿元大气区的重要组成部分，主要侧重高含硫气田开发技术攻关和气田开发建设。该项目的启动，预示着四川天然气工业将步入新的发展阶段。

（二）项目远景

目前，宣汉气田包含的3列装置目前正在积极地建设中，预计2015年末会投产。届时，中石油会购买所有雪佛龙享有的天然气分成部分，其价格是中石油和雪佛龙在合同中拟定的，并且受诸多因素的影响。雪佛龙公司预计在2015年启动其中国陆上含硫天然气项目。该项目的启动对于缓解西南地区用气紧张局面、满足区域经济社会对天然气的迫切需求、增强天然气供应保障能力、推动西南地区特别是达州市的经济发展，具有十分重要的意义。

三、国际油价下跌冲击页岩油气开采项目而产生的连锁效应

众所周知，页岩油气的开采成本相对较高。平均而言，美国页岩油气企业需要65~75美元/桶的油价才能开始盈利；到40美元以下时，不到10%的页岩油企业还能盈利；如果油价维持在60美元以

下两个季度，2/3的企业将经营困难，不得不减产。而现在已经跌到60美元以下，投入无法获得回报，亏本的开采势必会受到影响。国际能源署（IEA）11月12日发布的《2014年全球能源展望》报告称，油价下跌可能导致2015年美国页岩油投资减少10%。近日，美国第一家页岩油开采公司WBHENERGY提交破产申请，在页岩油领域有大量投资的矿业巨头必和必拓对外透露，该公司将在2014年末之前关闭40%的美国页岩油井，新田（油田）[①]已经决定退出中国石油市场，去美国投资页岩油气项目。作为开采成本高昂的非常规油气资源，国际油价持续下跌致使全球页岩产业风雨飘摇，这些趋势势必蔓延到国内，对国内油气企业产生巨大冲击。

1. 外方减少油气开发投资额，冲击辖内外汇收支秩序。得益于川东北天然气项目的发展，达州外汇收支规模屡创新高。雪佛龙公司2014年投资5.5亿美元，同比增长65.08%，占全省实际利用外资总量的21%。截至2014年末，该公司累计流入126369万美元。油价下跌致使油气公司损失惨重，纷纷宣布削减2015年投资计划（见表）。同时，各大公司均暂停或减少股票回购，这也是削减支出的措施。埃克森美孚宣布了缩减股票计划，2015年一季度回购规模将从原定的30亿美元收缩至10亿美元。雪佛

---

① 新田油田，又名纽菲尔德勘探公司，是一家美国石油天然气勘探与生产的独立公司，在纽约交易所上市（NFX），在美国、东南亚和中国等多地都拥有区块。

表 各大石油公司最新削减资本支出计划（截至2月8日）

机构名称	投资计划
荷兰皇家壳牌集团	未来三年内缩减超过150亿美元的支出，推迟处于初期的项目，搁置北极海洋的钻井计划，若有必要，进一步削减开支
英国石油公司	预计2015年资本开支为200亿美元，低于2014年全年的229亿美元，延迟部分上游业项目，下游的部分业务也暂停
雪佛龙	2015年开采投资预算为350亿美元，比2014年减少13%
埃克森美孚	搁置北极海洋的钻井计划
英国康菲石油	2015年资本预算由135亿美元削减15%，至115亿美元，推迟在美国的一些路上钻井项目
美国西方石油	2015年资本开支将大幅削减33%，至58亿美元，延后北达科他州巴肯和巴林地区的页岩开发项目
挪威国家石油	是否为挪威海Snorre油田项目投资57.4亿美元，还要推迟至2015年10月再作决定

龙发布报告称2015年开采投资预算为350亿美元，比2014年减少13%，同时雪佛龙表示将暂停2015年股票回购计划，将影响其在川东北天然气项目的投入，冲击达州市甚至全省外汇收支形势。

2. 影响上游产业的发展。川东北天然气项目的启动带动设备供应商、工程作业者、酒店服务和保安服务产业的发展，如四川蜀渝石油、成都望晖石油、达州公路规划勘测设计院、达州市保安服务总公司等公司。项目初期投入资金主要用于支付这些公司工程服务款，若投资减少，将减少这些企业的营业收入。

3. 拖累化工行业经济下行。近期油价下跌拖累化工产品价格整体疲软，部分产品失去成本支持，一路下行，且天然气价格未随油价下跌而下跌，反而不断上涨，导致化工行业经济不景气。以玖源化工有限公司为例，受产能严重过剩和油价下跌的影响，目前化工产品价格处于近10年以来的最低点，同时天然气价格不断上涨和供气不足导致公司经营困难。

4. 减少财税收入。2014年，川东北天然气项目结汇3.34亿元人民币。其中，支付税款2.7亿元人民币，占所有结汇资金的8.19%。目前，川东北天然气项目预计2015年投资额会减少，必然影响财税收入。

5. 降低地区社会福利。据悉，雪佛龙在宣汉积极为当地的学校儿童提供就学机会，还为当地的学校、环境保护和其他社区项目及中国青少年基金会积极地进行捐助。这对于提高当地的社会福利十分有利，若投资资金紧张，必然影响其对当地的捐助。

6. 加重社会就业问题。截至2014年末，雪佛龙累计流入126369万美元，累计结汇117740万美元，除工程款外，税款对地方政府贡献较大。油价持续下跌令国际油企不堪重负，纷纷裁员削减成本。英国石油巨头 BP 公司、美国能源巨头康菲及全球大型油田服务公司 Schlumberger 近日纷纷宣布其裁员计划。雪佛龙公司执行长 John Watson 表示，为了控制支出，还有可能裁员。虽然到目前为止还未真正实施过，不过雪佛龙已经从 2015 年 1 月 1 日起降低工资支付标准。

四、建议

2015 年，国际石油市场仍不乐观，油价低迷将对石油企业的生产经营活动和业绩产生巨大的影响，波及其他相关产业，影响我国经济发展。但在未来较长时间内，中国的能源需求仍将继续增长，油气产业依然大有可为。油气产业务必抓住机遇思改革、想进取、谋持续、做强、做大、做优自己的企业。同时，政府应当加大对国内油气产业发展的扶持，借此机会抓紧能源结构改革步伐。

（一）油气公司趋利避害、抓住机会，增强自身竞争力

油价下跌影响石油产业利润，但同时将降低进口成本。建议石油企业趋利避害，抓住机遇，做强、做大、做优企业，变不利为有利。一是合理控制产量，真正实现有质量、有效益的增长。二是抓住时机，在合适的价位区间扩大原油进口，积极开拓油气消费市场。三是结合未来长期的战略布局，择机收购一些价格超跌、发展潜力大的优良资产。

（二）政府加强政策扶持，营造良好外部环境

建议政府出台一系列油气产业扶持政策，包括对油气勘探、开发实行税收减免及财政补贴、建立专项基金资助技术研发、实行天然气价格市场化改革等措施。坚定市场信息，保证政策落实到位，营造良好的外部环境，帮助油气产业渡过难关，减少对国内经济的冲击。

（三）加快能源结构转型，大力发展非常规天然气

建议借助国际油价下跌和全球石油供应充足的机会，借势进行能源资源领域全面深化改革。在石油和天然气价格较低的时候减少用煤，调整和完善我国的能源结构，大力发展非常规天然气等清洁能源，保护生态环境，减少环境污染。

瑞士法郎"黑天鹅"事件对中国货币政策的启示

中国人民银行沈阳分行调查统计处

北京时间 2015 年 1 月 16 日，瑞士中央银行突然发布声明，宣布取消 1 欧元兑换 1.2 瑞士法郎的汇率上限，同时瑞士中央银行还宣布降息至-0.75%，并将 3 个月期 Libor 目标区间下降到-1.25%~-0.25%。消息一出，瑞士法郎一路狂升，创下 41% 的历史最大涨幅。瑞士法郎"黑天鹅"引发国际金融市场大幅动荡。

一、瑞士法郎"黑天鹅"出台原因分析

在 2014 年 12 月 18 日，瑞士中央银行还表示准备购买无限量外汇，以捍卫欧元/瑞郎的 1.20 的上限，而时隔不到 1 个月，就飞出了"黑天鹅"，这着实让市场大跌眼镜，这种"不按常理出牌"的举措也引发了金融市场大幅震动。瑞士中央银行会作出这种决定主要是基于以下四个方面的考虑。

(一) 应对欧洲中央银行即将推出的量化宽松

2011 年，在欧债危机与美债危机升温的情况下，全球避险情绪大幅上升，追逐稀缺的安全资产使得瑞士法郎持续走强，这对于出口为主要部门的瑞士来讲形成巨大压力，因此当年瑞士法郎绑定欧元以化解经常项目的压力。但由于欧元贬值压力持续加大导致瑞士中央银行不得不被动扩表，通过印刷瑞士法郎来购买欧元、美元，以实现瑞士法郎与欧元的同步性。但近期由于担心欧洲中央银行可能推出量化宽松进一步导致欧元下跌，从而持续加大瑞士法郎的贬值幅度，给中央银行资产负债表扩张造成巨大压力，不得不打破 1.2 的兑换上限。

(二) 金融项目出现逆差

第二点原因其实和第一点是一脉相承的。正是由于减缓瑞士法郎升值压力，导致瑞士中央银行金融项目出现逆差。瑞士法郎作为避险货币的一种，长期处

于需求旺盛的状态，瑞士法郎升值压力更是随着欧元贬值压力增加而增加。由于瑞士盯住了一个弱势货币，在美联储收紧预期上升的背景下，瑞士法郎资本外流压力过大，金融项目开始出现恶化，2014年三季度瑞士金融项目转为净流出。

（三）瑞士法郎贬值对于出口部门拉动作用减弱

保持瑞士法郎与欧元兑换比率的目的一部分是支持瑞士出口，由于瑞士法郎一直存在较强的升值预期，因此绑定欧元以缓解对瑞士出口部门形成加大压力，但目前在全球经济增长放缓、需求疲软的背景下，瑞士出口连续两个季度出现负增长，瑞士法郎弱势对出口部门的拉动作用并未显现，继续维持与欧元上线必要性降低。

（四）保持货币政策独立性

为了维持币值稳定是需要付出巨大代价的，瑞士中央银行付出的代价就是资产负债表不断扩张，流动性被动释放，严重干扰了该国货币政策的独立性。

二、瑞士中央银行与中国中央银行内在共性分析

（一）经济状况的一致性

中国与瑞士前期和当前面临的经济状况具有高度一致性。从目前宏观角度看，瑞士与中国一样，面临较大的经济下行压力，各项经济指标持续低迷；CPI近期也处于通缩的边缘，国内需求萎缩；瑞士法郎升值预期较强，国内货币政策也相对较为宽松。而在此之前，瑞士房价飙升，自2009年以来，瑞士房屋均价上涨超过20%，房地产市场异常繁荣；在瑞士法郎升值的同时，国内通胀压力加大；瑞士银行利息水平不断下调，加之欧债危机，投资商纷纷将"热钱"转而投向瑞士法郎及该国房产，这也与此前中国的经济状况相一致。

在经济结构方面也有相似之处，中国与瑞士一样，存在巨额贸易顺差，出口有效的拉动经济。瑞士出口占GDP的90%以上，中国是新兴市场中外贸依存度最高的主要经济体之一，外贸占GDP比重50%上下。

（二）汇率政策的一致性

汇率政策方面都采取了盯住某种货币的方式。瑞士法郎盯住欧元，其价格是设定瑞士法郎对欧元汇率上限，然后通过印钞购买欧元等的方式维持币值稳定。中国自2005年汇改以来，也是采取相似的方式——盯住美元，中央银行"守住汇率的上下线"，但没有明确设定上下限的范围，这是与瑞士法郎的不同之处，但也是通过大量购买国外资产来维持人民币的波动范围。

两国的资产负债表也都为维持币值稳定而被动扩表。截至2014年12月末，瑞士中央银行外汇储备接近4951.3亿瑞士法郎，约合44989.7亿美元，成为世界外汇储备最多的国家之一，瑞士外汇储备占GDP比重约为76.5%。而我国2014年四季度外汇储备为也达到38430.2亿美元，占GDP比重约为37%，外汇占款比重超过40%。庞大的外汇规模正是由于持续维持汇率稳定而造成的。

同时两国的金融项目都出现逆差。瑞士自 2014 年三季度起开始恶化，金融项目由净流入转为净流出。而我国 2014 年四季度的资本和金融账户逆差 912 亿美元，较三季度 90 亿美元大幅扩大，反映出人民币资产吸引力下降和美元强势导致的大量资本外流。

（三）同为避险工具的一致性

瑞士法郎是公认的避险货币，因为瑞士至今是国际上的永久中立国。一方面，瑞士在世界政治上为中立国，不容易牵扯到世界政治纠纷；另一方面，瑞士的银行系统和货币政策制定都十分严密，瑞士法郎币值一直很稳定，加之欧元区危机重重，更奠定了瑞士法郎的避险货币地位。

而人民币 2015 年来也持续面临升值压力，站在国际的视角上，人民币具有相当的保值作用，人民币很有可能未来成为新兴市场避险货币和东南亚汇率锚。因此，人民币也具有避险的属性。

三、对中国货币政策的启示

通过货币政策来直接干预汇率，无非是为了达到使币值稳定的目的，通常可以分为两种情况：一种是防止本币贬值（如俄罗斯卢布、马来西亚林吉特），另外一种是防止本币升值（瑞士法郎、人民币）。对于前者来说，需要消耗大量的外汇储备来购买本国货币，以防止本币贬值；而对于后者来说，只需要大量印刷本国货币，以本国货币来购买外币防止本币升值，相比而言，预防本币贬值的成本要远大于预防本币升值的成本。瑞士和中国在很多层面上具有一致性，瑞士中央银行的"黑天鹅"操作对于我国来说既是警示，又有很强的借鉴意义。

（一）通过持续购汇维持币值稳定不可持续

我们常说我国的外汇储备规模大，干预能力强。这句话反过来说，其实是我国为了防止人民币过度升值而购买了大量外币资产，导致我国的外汇储备规模不断扩大。外汇储备规模大的好处在于当本币过分贬值时可以动用这些储备实现币值稳定，如 1998 年亚洲金融危机就是通过这种手段成功的帮助香港实现了"自卫反击战"。

但庞大的外汇储备也会带来很多问题。首先，外汇储备容易引发通货膨胀，它的增加会扩大基础货币投放，导致货币供给增长过快，给我国货币政策调控带来中长期通胀压力。其次，持有外汇储备会存在机会成本。成本之一是国内资本生产力减去外汇储备的收益率，巨大的外汇储备在寻找投资出口的同时，又要保障投资的安全性，因此一般都投资于美国国债等。但投资国债的收益率极低，间接增加了持有外汇储备的机会成本，增加了储备资产管理的难度。2014 年四季度，我国收益项逆差由三季度的 108 亿美元扩大为 244 亿美元，原因就在于我国对外资产以低收益的债权型资产，以美债为主，收益更高的外商直接投资等股权型负债，导致我国对外投资收益逆差。最后，外汇储备受外汇价格波动影响，如美元贬值将导致我国外汇储备实际大幅缩水。

我国之所以可以长期大规模逆市场而动的干预，是由于我国具备大政府小市场的体制基础，印钞购买外汇没有太大的阻力。但从瑞士中央银行的举动来看，长时间通过购汇维持币值稳定是不可持续的，也是一国政府无法承受的，瑞士法郎需要承接的是欧元，而人民币需要承接的美元，相比之下，在绝对规模上，人民币需要承接的美元数额更为巨大。

（二）汇率政策要依据国情而定，不应人为的长期偏离均衡价格

瑞士中央银行选择放弃上限是根据当前经济金融形势的确定的。瑞士法郎的均衡价格绝对是强于欧元的，这是由瑞士的经济基础决定的。由于设定上限导致瑞士法郎持续偏离均衡价格。瑞士在经济下行压力大、通胀预期下行，但资产价格高企、市场表现不平衡的情况下，采取放开上限是非常明智的。一方面，可以促进本币恢复均衡价格；另一方面，实体经济的重压又会使汇率不至于大幅升值，基于实体经济状况，升值的本币还会波动下行，最终恢复相对均衡的价格，对出口、旅游等影响有限。从现阶段的情况看，瑞士法郎的走势也正是这样，已经回到相对均衡的价格。在经济偏弱的格局下松绑升值预期较强的汇率，实际上是非常明智的。

相比于瑞士的情况，中国目前也处于经济下行区间，通缩风险略有显现。中国采取了和瑞士相似的汇率政策，紧跟美元，但美元走势太强劲，人民币继续跟随美元将越来越吃力。近期的情况更是如此，各国推出量化宽松，纷纷降息贬值，对美元贬值。人民币虽然近期对美元持续贬值，但相对于大部分货币（如欧元、澳大利亚元和日元等）依然升值。一方面，中国经济处于结构性调整期，汇率有贬值的需要；另一方面，美国经济复苏较强，如果将中美两国汇率继续捆绑不利于中国经济的复苏和货币政策的稳定。所以，人民币与美元的过度捆绑似乎也应该适时调整一下。

另外，目前恰好是调整汇率的最佳时期。在全球需求不足的大背景下，美国经济复苏对中国出口复苏影响不大，实际上美国经济复苏以再制造为典型特征，去中国化明显，对新兴经济体拉动作用明显减弱；东盟和印度等新兴市场国家经济增长疲软，需求不旺；欧元区更是复苏乏力，市场需求持续低迷。近期人民币汇率波动对于出口的影响目前来说是十分有限的，可以实时地扩大人民币兑美元的波动区间，只要在一个合理的区间内，防止大起大落，长期来看对于中国经济调整是有利的。

（三）利率政策和汇率政策需相辅相成

利率政策和汇率政策从来都是相辅相成的。瑞士中央银行在宣布取消上限的同时，又宣布了降息，其主要原因在于面对全球经济的下滑，瑞士单单维持一个低汇率是没有必要的，降息会带来很多好处：缓解通缩压力，对投资和消费形成助推作用，缓解本币升值压力。

宽松的货币政策在2015年似乎成了

主流，主要经济体纷纷"放水"，推出量化宽松政策，增加货币供给，降低利率水平，促进本币贬值。宽松的货币政策会导致本币贬值压力增加。我国在经济下行情况下，货币政策会相对灵活，但为了保证人民币的国际化进程，又不想人民币过度贬值，这就存在两难。近期，中央银行公开操作维持短期利率市场稳定，定向再贷款给小微企业和"三农"企业，但国内融资难、融资贵问题迟迟难以解决。人民币中长期贬值预期正在逐渐形成，未来面临资本项下的资本净流出问题，又压缩了货币宽松的空间。

2月4日中央银行宣布降准，预计2015年还会有至少一次的降准降息，这会对汇率有负反馈。如果人民币持续面临较大的下行压力，降息降准将会加大这种下行压力；如果人民币升值预期恢复，则降息降准更容易实行。除了公开市场操作和降息降准外，信用融资工具的创新也会实现货币宽松的目标：资产证券化、信用债发行和PPP债推出。重大项目通过和政策性金融机构进行PSL操作，降息降准降低实体经济中长期利率，辅之以信用融资工具创新将会创造较为宽松的货币环境。

（四）货币政策分化的作用逐渐显现，不能盲目跟从

2015年全球仍然面临需求不足的问题，但相对的经济增长差异会导致货币政策出现分化。现在看来，除了"竞相贬值抢需求"之外，资本大幅跨境流动导致"货币战抢资金"的情况也开始出现，在基本面缺乏弹性的情况下，宽松的流动性将加大各项资产的波动。

我国作为新兴发展中国家，未来的货币政策将更难选择：在发达经济体宽松时，要忧虑"热钱"流入推高资产泡沫；在宽松结束时，又要忧虑"热钱"流走，资产泡沫破裂，在有松有紧时更是无所适从。这也许是我国中央银行将面临的新常态。

执笔：何　畅

主要国家利率调控转型的国际经验

中国人民银行长沙中心支行调查统计处

本文总结了美国、日本、英国、加拿大、印度和土耳其6个国家利率市场化进程中货币政策调控转型的经验。利率调控模式主要有以公开市场操作为主的传统利率调控（美国与日本）和利率走廊调控（加拿大等）两种模式，孰优孰劣受多种因素影响。利率调控模式选择并非一成不变，而应根据国内外经济金融环境适时调整。

一、美国利率调控

从货币政策调控转型的进程看，利率市场化进程中美国利率调控大致分为4个时期：推进期（1971~1986年）、完成初期（1987~1993年）、完成中后期（1994~2002年）和新时期（2003年以后）。货币政策调控经历了由最初的"数量型"调控为主向"价格型"调控为主的渐进演变。推进期以非借入准备金为货币政策操作目标，货币供应量为中间目标，辅以通过调整再贴现利率来影响货币市场利率。完成初期，虽然货币供应量仍为中间目标，但逐步突出"价格型"调控，设定不明确的联邦基金目标利率。从1994年2月起，明确将联邦基金目标利率作为关键政策利率，以联邦基金有效利率为操作目标[1]，运用公开市场操作来实现关键政策利率对联邦基金有效利率的引导，逐步形成以公开市场操作为主的传统利率调控模式。2003年之后，美联储的货币政策调控带有利率走廊特色，并在2008年金融危机后，转变为量化宽松（QE）与利率走廊相结合的调控模式：在实施QE的同时，分别以窗口贴现利率与超额存款准备金利率为走廊上下限，以防止利率下降到零，陷入"流动性陷阱"。

从货币政策转型及效果看，利率调控总体上降低了联邦基金有效利率的波动，其变异系数[2]在3个不同时期逐步变小。具体看呈现两个特点：一是利率调控优于数量型调控，隐性利率调控和正

---

① 后文操作目标与市场基准利率等同，交替使用。

② 变异系数等于标准差/平均值，同时受变量值离散程度和平均值大小的影响。

式利率调控期间联邦基金有效利率波动均小于数量型调控。二是传统利率调控模式（1994~2002年）[1]效果优于利率走廊模式。利率走廊时期，联邦基金有效利率变异系数约为传统利率调控时期的2倍。

从市场基准利率选择的原因看。通过梳理权威文献发现（如伯南克，1992；多恩布什，1995），以联邦基金有效利率为市场基准利率的最主要理由有两个：一是可控性，即联邦基金有效利率主要受关键政策利率影响，关键政策利率对联邦基金有效利率的影响基本是一对一的关系；二是有效性，即联邦基金有效利率是否对主要经济指标有较好的预测性，能否较好地实现货币政策最终目标。

对关键政策利率而言，利率市场化进程中美国关键政策利率经历了由再贴现率向联邦基金目标利率的转换，其最主要原因在于关键政策利率对市场基准利率是否具有更强的"告示效应"（当宣布关键政策利率变化后，市场基准利率反映是否显著），从而形成合理的市场预期，理顺利率传导机制。

二、日本利率调控

从货币政策调控转型看，日本利率调控进程与美国基本类似，大致经历了3个时期：推进期（1977~1994年）、完成初期（1995~2001年）和完成中后期（2001年以后，经历了多次反复）。货币政策调控也经历了由最初的"数量型"调控为主向"价格型"调控为主的演变。

推进期，以货币供应量（M2+CD）为中间目标，辅以通过调整再贴现利率来影响货币市场利率的"价格型"调控，并设定不明确的隔夜拆借目标利率。完成初期，明确将隔夜拆借目标利率[2]作为关键政策利率，以隔夜拆借利率为操作目标，运用公开市场操作来实现关键政策利率对隔夜拆借利率的引导，逐步形成以公开市场操作为主的传统利率调控模式。完成中后期，主要是以实施量化宽松的数量型调控为主，货币政策操作目标经历了几次反复，操作目标由隔夜拆借利率→商业银行在中央银行账户存款余额（2001~2006年）→隔夜拆借利率→商业银行在中央银行账户存款余额。

从货币政策转型及效果看，利率调控整体效果较差。银行间隔夜拆借利率波动并未随利率调控转型而相应下降，相反其变异系数在3个时期逐步变大。日本虽然采取了与美国一样的传统利率调控模式，但效果却较差，其主要原因在于日本利率调控转型的时机不佳——经济已陷入"流动性陷阱"，传统利率调控效果大打折扣。

日本中央银行（Miyanoya，2002）指出以无抵押隔夜拆借利率为市场基准利率的最主要原因是无抵押隔夜拆借利率的市场代表性，它一直被视为日本拆借市场和其他市场中长期利率的定价基准。与美国类似，日本的关键政策利率

---

① 通常所说的美国利率调控模式是指常规时期的公开市场操作为主的传统利率调控模式。

② 日本直到1998年才对外宣布隔夜拆借目标利率，但与美国不同的是，1993~1996年实施过隔夜拆借目标利率区间。

也经历了由再贴现利率转为无抵押隔夜拆借目标利率的转变，选择的主要原因是关键政策利率是否具有预期效应。

三、英国利率调控

从货币政策调控转型看，英国利率调控大致分为4个阶段：推进期（1972~1981年）、完成初期（1982~1986年）、完成中后期（1987~2006年）、新时期（2006年以后）。推进期以货币信贷总量为操作目标，对利率实行严格的管控。完成初期以货币供应量为中间目标，以再贴现率为关键政策利率来调节货币市场利率。完成中后期，先后以汇率、通货膨胀预期为中间目标，采用传统的利率调控模式，以两周逆回购利率为关键政策利率来调节货币市场利率。新时期，在自愿准备金制度下，运用利率走廊模式进行调控，期间关键政策利率多次变化①，市场基准利率为隔夜拆借利率（Sterling Overnight Interbank Average, SONIA），上下限分别为操作性贷款便利和存款便利。

从利率调控效果看，利率走廊调控模式（2006年8月至2008年9月）效果优于传统利率调控模式（1997年5月至2006年7月）。传统利率调控时期，SONIA变异系数约为利率走廊调控时期的3倍。

从关键政策利率演进原因看，从利率市场化开始起，英国关键政策利率经历了如下变化：中央银行最低贷款利率→再贴现率→逆回购利率→自愿存款准备金利率，而市场基准利率从未发生

变化，一直为隔夜拆借平均利率。相对市场基准利率而言，关键政策利率频繁变化的主要原因是：国内外经济环境变化使关键政策利率对市场基准利率的引导力度减弱，为保证调控的有效性，关键政策利率相应变化。传统利率调控期间和利率走廊调控期间，关键政策利率（分别为2周逆回购与自愿存款准备金利率）每提高1个百分点，SONIA分别上升0.99个与1.12个百分点。

四、加拿大利率调控

从货币政策调控转型看，加拿大利率调控大致经历了两个阶段：推进期（1975~1994年）与完成期（1995年至今）。推进期以货币供应量为目标，并以货币条件指数MCI②为参考目标，辅以公开市场操作和现金管理来调控隔夜拆借利率的价格型调控（1975~1982年，以M2为中间目标，1982年开始逐步运用利率调控，并以货币条件指数MCI为操作参考目标，主要是基于弹性汇率机制考虑，即短期利率与汇率的组合）。完成期，在通胀目标制下实施利率走廊调控，关键政策利率为抵押隔夜目标利率，市场基准利率有两个衡量指标：隔夜回购利率（CORRA，隔夜回购加权平均利率，15家一级交易商）和隔夜货币市场融资利率（通过对隔夜货币市场主要参与者

---

① 经历了由再贴现利率→2周逆回购利率→自愿存款准备金利率。

② MCI是通过短期利率和有效汇率对总需求的影响力度的加权构造。

调研的加权平均利率，范围比 CORRA 更广，包括隔夜抵押活期拆借和掉期）。利率走廊上限为常备借贷便利利率，下限为常备存款便利利率。

从利率调控效果看，利率走廊调控效果较好。纵向对比看，实施利率走廊之后，隔夜回购利率变异系数变小。横向对比看，实施利率走廊期间，市场基准利率与目标利率偏离均小于同时期美国和欧元区。加拿大中央银行（Engert，2009）研究显示，1999 年 1 月~2008 年 1 月加拿大隔夜回购利率与目标利率之差平均偏离 4.67 个基点，而同期美国联邦基金有效利率与目标利率之差平均偏离 12.4 个基点，欧元区隔夜拆借利率与再融资利率之差平均偏离 14.6 个基点。

从市场基准利率选择的原因看，加拿大以隔夜回购利率或隔夜货币市场利率为市场基准利率，而没有选择银行同业拆借利率或同业拆借报价利率（Canadian-dollarofferedrate，CDOR）、隔夜抵押活期拆借利率，主要原因有：一是隔夜回购交易规模更大。据测算，隔夜回购交易规模分别是隔夜银行同业拆借和活期拆借的 10 倍与 80 倍[①]。二是回购市场透明度更高。加拿大回购市场始于 1953 年，早于其他市场 20 年以上，发展更成熟、透明度更高。三是回购市场参与主体更多。回购交易不仅是银行融资的重要组成部分，而且是非存款金融机构的主要融资工具。就关键政策利率选择而言，关键政策利率于 1994 年从再贴现率转为隔夜回购目标利率，主要由于：一是对市场基准利率的引导力度更大。

隔夜回购目标利率对市场基准利率的影响大于再贴现利率，利率走廊期间再贴现率与隔夜回购目标利率提高 1 个百分点，市场基准利率 CORRA 分别上升 0.858 个与 0.996 个百分点。二是对市场基准利率是否形成"告示效应"及预期效应。Johnson 在 2003 年《加拿大中央银行评估报告》中实证检验出隔夜回购目标利率具有较强的预期效应和"告示效应"。

五、土耳其利率调控

土耳其的利率调控转换明显跟不上利率市场化进程，期间发生过 4 次银行危机，通货膨胀率长期居高不下。但在综合运用利率走廊和准备金选择机制后，调控效果有所改善。

从货币政策调控转型看，土耳其利率调控大致经历了 4 个时期：推进期（1980~2001 年）、初期（2002~2005 年）、中后期（2006~2010 年）、新时期（2010 年 5 月之后）。推进期，货币政策中间目标多次变化，经历了由中央银行的国内资产→"准备金目标区域"→"国内净资产（NDA）"等，本质均属于数量型调控，很少动用利率调控。初期、中后期及新时期，逐步确立非对称的利率走廊调控模式，以隔夜回购利率为市场基准

① Hendry 与 Kamhi（2007）、Lundrigan 和 Toll（1997）。认识到这种转变后，加拿大中央银行于 1996 年编制了"隔夜货币市场融资利率"。交易对象从非银行一级交易商扩大至包括银行在内的一级交易商，交易方式从短期拆借、互换和与中央银行的回购交易扩大至包括市场回购交易。

利率，1 周逆回购利率为关键政策利率，上下限分别为隔夜贷款与存款便利利率，并辅以准备金选择机制、流动性政策综合调控。

从利率调控效果看，在综合运用非对称利率走廊及准备金选择机制后，有效地降低了利率和汇率波动。一方面，市场基准利率波动性明显下降。新时期隔夜市场回购利率的变异系数明显小于旧时期。另一方面，土耳其汇率较为稳定，土耳其中央银行的一份研究显示（KARA，2012），在所有开放资本账户的新兴市场国家中，土耳其里拉是波动最低的货币之一。具体而言，在非对称利率走廊调控模式下，当资本流入时，通过下调中央银行隔夜存款利率（下限），缩窄利率走廊下宽（关键政策利率与下限之差），降低短期资金交易的吸引力，反之，在资本流出时，通过上调中央银行隔夜贷款利率（上限），扩大走廊上宽（中央银行隔夜贷款利率与关键政策利率之差），防止对本币的投机。同时，辅以准备金选择机制来调控外汇储备，即银行有权选择将外汇而非本币作为中央银行的准备金。当流动性短缺，利率上升，银行就会倾向于撤回流动性，更少选择这一机制。因此，银行外汇储备会根据私人部门的选择而产生波动，当资本流入时，外汇储备自动上升；资本流出时，外汇储备自动减少。非对称利率走廊与准备金选择机制有效地稳定了外汇储备波动与利率波动。

从市场基准利率选择原因看，土耳其中央银行研究（2014）表明，以 BIST（伊斯坦布尔证券交易所）隔夜市场回购利率为市场基准利率的主要原因是 BIST 回购市场交易规模更大。2013 年，BIST 隔夜回购市场日均交易量为 2236 亿里拉，是银行间隔夜回购的 17.5 倍。

六、印度利率调控

从货币政策调控转型看，印度大致经历了 3 个时期：初期（1980~1990 年）、中后期（1991~2011 年）及完成期（2012 年以后）。初期以信贷和货币供应量的"数量型"调控为主。从 1991 年起，逐步从以货币供应量 M3 的"数量型"调控为主转为以流动性调节框架 LAF 为主的"价格型"调控，以公开市场操作为主的利率调控（关键政策利率在正回购利率与逆回购利率之间切换）。此阶段最为突出的是培育出关键政策利率，将其由具有行政化特点的中央银行再贴现利率逐步转为市场化的逆回购利率上来，市场化的关键政策利率调整 57 次，准备金调整 29 次，而中央银行再贴现利率仅调整 3 次。从 2011 年 5 月起，正式实施利率走廊调控，以 1 周中央银行逆回购利率为关键政策利率，市场基准利率为隔夜拆借加权平均利率，走廊上下限分别为边际借贷便利（MSF）利率与中央银行正回购利率。

值得注意的是，相比上述其他几个国家，印度利率调控转型与利率市场化过程基本保持同步，主要表现在关键政策利率的变化上，我们以中后期及完成期进行简要说明。

图1 印度关键政策利率演变

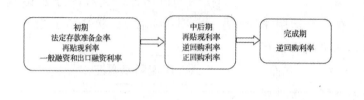

一是1999年构建临时流动性便利（ILAF），并培育多个政策利率，但定价方式有差异。如新增银行抵押贷款便利（CLF）、额外抵押贷款便利（ACLF）与一级交易商流动性一级和二级便利4个政策利率，并将其定价与关键政策利率（再贴现利率）挂钩，但定价有所不同，如银行CLF利率与一级交易商一级流动性支持便利利率分别等于再贴现利率加25个基点与200个基点。二是在完全流动性便利（FLAF）框架下（2000年）逐步简化政策利率及统一其定价，关键政策利率由再贴现利率变为中央银行正逆回购利率。一方面，取消银行CLF，并将中央银行逆回购利率与再贴现利率统一为6%，合并银行和一级交易商的正常性便利与最后支持便利，均以统一的利率（逆回购利率）从中央银行获取流动性。另一方面，关键政策利率被市场化程度更高的中央银行正逆回购利率取代，但关键政策利率依市场流动性条件而不同，流动性过剩时，逆回购利率为关键政策利率，而流动性短缺时，回购利率便成为关键政策利率。三是利率市场化完成后，明确以7天逆回购利率为唯一的关键政策利率，并以其确定走廊上下限，形成利率走廊调控。

从利率调控效果看，利率走廊调控效果优于公开市场操作的利率调控。公开市场操作调控时期，隔夜拆借加权平均利率变异系数约为利率走廊调控时期

表1 六个国家市场基准利率具体情况

国别	美国	日本	英国	加拿大	印度	土耳其
市场基准利率品种	联邦基金有效利率	同业拆借利率	同业拆借利率	市场回购利率或货币市场融资利率	同业拆借利率	市场回购利率
期限	隔夜	隔夜	隔夜	隔夜	隔夜	隔夜
有无抵押	无	无	无	有	无	有
形式	实际成交	实际成交	实际成交	实际成交	实际成交	实际成交
选择原因	可预测性和可控性	预期效应	可控性	交易规模	可控性	交易规模

注：可控性是指中央银行关键政策利率对市场基准利率影响的力度，告示效应可归类为可控性。

表2 六个国家关键政策利率及其相关操作

国别	美国	日本	英国	加拿大	印度	土耳其
关键政策利率	联邦基金目标利率	隔夜拆借目标利率	官方利率	隔夜回购目标利率	1周逆回购利率	1周平均融资利率
主要操作方式	购买国债	购买国债	回购	对实时清算系统LVTS每日头寸管理	逆回购	正逆回购
期限	隔夜	隔夜	7天	1天	7天	7天
操作频率	≈1天	≤3天	≤3天	1天	1天	1天
常备便利	一级信贷便利	贷款便利	存贷款便利	存贷款便利	贷款便利	存贷款便利
准备金要求（%）	3~10	0.05~1.3	无	无，但每日准备金余额要大于0	4	5~11.5
付息	是	否	是	-	否	否
持有期	2周	1个月	1个月	每天	1个月	1个月

的5倍。

从市场基准利率的选择理由看，隔夜拆借加权平均利率作为市场基准利率是逐步确立的，经历了从隐性目标（2000年1月至2011年5月）到明确目标（2011年5月之后）的转变。尽管隔夜拆借交易规模近两年下降，但仍以隔夜拆借利率为市场基准利率，印度中央银行（2011）认为有三个主要原因：一是实证检验表明关键政策利率对隔夜拆借加权平均利率的引导作用要强于隔夜货币市场利率（隔夜拆借、隔夜CBLO利率和隔夜市场回购利率的加权平均利率）。二是隔夜拆借市场利率与货币市场利率的相关性高达90%且非常稳定。三是隔夜拆借是一个纯银行间市场（不包含非银行金融机构），能更好地反映流动性状况。

执笔：张炎涛

国外中小企业信贷资产证券化典型模式及其对我国的启示

中国人民银行南宁中心支行调查统计处
中国人民银行梧州市中心支行调查统计科

中小企业信贷资产证券化由于可以综合间接融资模式下银行熟悉企业以及资产证券化在风险分散和优化资源配置方面的优势，能够在解决企业融资难、融资贵等问题上提供一种新的混合式解决方案。美国、西班牙和德国作为较早开展此项业务的国家，各自逐渐形成了行之有效的证券化模式，对完善我国中小企业信贷资产支持证券发行机制，加快推进证券化试点工作具有较强的借鉴意义。

一、国外中小企业信贷资产证券化主要模式分析

（一）美国政府指导下的双重参与模式

美国的中小企业信贷资产证券化是典型的政府指导下的双重参与模式，双重参与是指借款人和贷款人共同出资构成资产证券化的基础资产。该模式中美国中小企业局 (SBA) 作为政府的代表，一方面为证券化的中小企业贷款提供担保，增加企业贷款支持证券的信誉；另一方面制定了资产证券化的完善准入法律文件，为中小企业贷款证券化的开展营造良好的法律氛围。除了 SBA 以外，美国同时也建立了政府资助企业机构平台 (GSE)，由 GSE 购买银行所有的中小企业贷款并将其证券化。GSE 的建立有利于中小企业贷款标准的统一和贷款数据的整理和收集，根据这些标准和历史数据可以对中小企业贷款进行良好的评估。

双重参与是美国中小企业信贷资产证券化的一个典型形式，该模式下基础资产的贷款借款人自有资金占 25%，贷款人的贷款占 75%，这样不仅降低了借款人违约的可能性，还可以在借款人违约后较为容易地弥补借款人尚未清偿的

本金余额。在这些基础资产中，高等级、次等级的贷款分别约占 10% 和 60%，所对应的证券在总体证券中分别约占 13% 和 80%。中小企业信贷资产证券化产生的收益首先要分配给高等级部分的证券，剩余部分利益再分配给次等级的债券。

（二）西班牙人民银行发起的 FTPYME 计划

西班牙人民银行 2004 年发起名为"FTPYME"的资产证券化计划，在这一证券化过程中，人民银行充当发起人和服务商的角色，提供信用安排、利率掉期交易等，西班牙政府参与其中，为资产 A（G）部分提供政府担保，提升其信用等级。起辅助机构作用的主要是由西班牙经济财政部授权设立的 INTERMONEY，这一专门成立的机构主要负责管理证券发行机构的日常运作，代表和保护投资者利益。除此以外，还负责成立发行人、代表发行人发行票据、计算票据利率、通知票据持有人和抵押各方票据相关信息、组织每年的审计考察工作。

西班牙人民银行所采用的信贷资产证券化模式属于真实出售模式，该模式最独特的地方就是成立了 INTERMONEY 机构，它可以从多个发起人收购贷款，从而构建多个发起人组成的资产池，代表其设立的特殊目的机构（SPV）发行票据，在证券化过程中起着相当重要的作用。

（三）德国复兴信贷银行促进中小企业信贷证券化的计划

早在 2000 年，德国中小企业银行就开始联合德国各类银行开展资产证券化业务，启动了促进中小企业信贷证券化（PROMISE）平台。在 PROMISE 平台中，德国复兴开发银行（KFW）起着辅助机构的作用，负责搭建通道、管理项目，并对基础资产进行信用增级。具体过程是信贷资产证券化发起人和 KFW 签订信用风险掉期交易合同，发起人支付风险溢价费用，KFW 将信用风险分割成不同等级，约有 3% 作为首笔损失部分由发行人持有，80%~90% 为优先级部分由经济合作发展组织银行持有，中间层次类似自有资本的 Mezzanine 权益部分通过 SPV 向投资者发行不同等级的信用联系票据。在操作中，如果存款人违约，发起人通过信用掉期交易和信用联系票据将风险传递给市场，最后由不同风险偏好的投资者支付风险成本，从而实现中小企业信用风险进行市场化定价。

与美国、西班牙模式不同，德国的中小企业信贷资产证券化模式没有真实出售的过程，不属于表外融资，不能解决商业银行的流动性不足。因此，德国模式是资金充足的发起银行以信贷资产风险转移为目的的信贷资产证券化行为，适用于资金充足的发起人。

二、国外中小企业信贷资产证券化的成功经验及其对我国的启示

（一）构建完善的资产证券化制度框架体系

制度框架体系建设对于资产证券化的发展具有基础性作用。如美国在资产

证券化之前就已构建以《证券法》为基础的证券市场法律体系。随后在信贷资产证券化发展过程中，又相继出台了《抵押证券税收法案》、《证券投资者保护法》、《证券法房地产投资信托法》、《金融资产证券化投资信托法》和《金融机构改革复兴和强化法案》等一系列法律并对原有法律进行修订，为资产证券化的发展提供了必要规范。从我国情况看，2005 年试点以来已发布了十余部资产证券化相关工作指引和制度，资产证券化制度框架初步建立，但目前仍面临上位法支持不足的问题。

（二）由政府支持建立统一的服务机构平台

由于中小企业尤其是小微企业贷款风险相对较高，往往需要政府的大力扶持和指导。无论是美国的双重参与模式，还是西班牙 FTPYME 计划，均设立了专门的机构服务平台，为企业信贷资产证券化提供发起、担保、辅助等服务，有效发挥政府在中小企业信贷资产证券化过程中的积极作用。目前，我国中小企业信贷资产证券化没有设立统一的发起平台，均是由各金融机构单独发起，并委托信托机构发行。但对于广大区域性中小银行而言，由于证券化规模一般较小，单独发起中小企业信贷资产证券化相对比较困难，同时也推高发行成本，不利于中小企业信贷资产证券化的全面快速发展。

（三）建立国家支持的证券化外部信用增级机制

我国外部信用增级市场发展比较滞后，目前中小企业信贷资产证券化产品的信用增级基本是采用内部增级方式。但是，由于中小企业规模小、风险大的本质特点，进入资产池的企业贷款质量必然是多种多样的，如果仍然只是采用内部信用增级方式，信用增级的效果将大打折扣。从美国、西班牙和德国的发展经验看，通过由国家支持成立证券化服务机构，利用外部增级为证券提供担保可以让投资者更加直观地判断证券的担保情况，从而更容易获得投资者的认可。

（四）扩大证券化产品的二级市场交易平台

美国中小企业信贷资产证券化市场能够得到快速发展，与其发达的二级市场和深厚的投资者基础密不可分。反观我国，资产证券化发行交易市场相对分割，大致形成了银行间债券市场和交易所市场，分别负责发行信贷资产证券化产品和企业资产证券化产品。虽然目前交易所市场的资产证券化交易平台已经扩大到中国证券业协会机构间报价与转让系统、证券公司柜台市场以及全国中小企业股份转让系统公司等交易场所，但由于中小企业信贷资产证券化产品仍主要在银行间债券市场发行，且交易流通缺乏足够的交易平台支持，导致二级市场交易比较平淡，产品流动性较弱。

执笔：徐桂玲

货币当局资产负债表 （单位：亿元）

资　产	2015年1月	2015年2月	负　债	2015年1月	2015年2月
国外资产	278606	278395	储备货币	288344	298674
外汇	270689	270468	货币发行	69461	82922
货币黄金	670	670	其他存款性公司存款	218883	215752
其他国外资产	7247	7257	不计入储备货币的金融性公司存款	1505	1640
对政府债权	15313	15313	发行债券	6522	6522
其中：中央政府	15313	15313	国外负债	1562	1447
对其他存款性公司债权	25790	32422	政府存款	37803	32345
对其他金融性公司债权	7849	7847	自有资金	220	220
对非金融部门债权	12	12	其他负债	2912	4563
其他资产	11299	11422			
总资产	338868	345411	总负债	338868	345411

注：1. 自2011年起，人民银行采用国际货币基金组织关于储备货币的定义，不再将其他金融性公司在货币当局的存款计入储备货币。

　　2. 自2011年初起，境外金融机构在人民银行存款数据计入国外负债项目，不再计入其他存款性公司存款。

货币供应量统计表 （单位：亿元、%）

项　目	2015年1月		2015年2月	
	余额	比同期	余额	比同期
货币供应量（M2）	1242710	10.8	1257384	12.5
货币（M1）	348106	10.5	334439	5.6
流通中货币（M0）	63041	−17.6	72896	17.0
单位活期存款	285066	19.6	261543	2.9
准货币	894603	10.6	922945	13.2
单位定期存款	271426	11.2	273553	13.0
个人存款	513091	5.8	538481	10.8
其他存款	110087	38.4	110911	27.4

注：1. 货币供应量已包括住房公积金中心存款和非存款类金融机构在存款类金融机构的存款。

　　2. 本月M2同比增速根据可比口径计算。

社会融资规模增量统计表 （单位：亿元）

项　目	2015年2月
社会融资规模增量	13532
其中：人民币贷款	11437
外币贷款（折合人民币）	−146
委托贷款	1299
信托贷款	38
未贴现银行承兑汇票	−630
企业债券	680
非金融企业境内股票融资	542

注：1. 社会融资规模增量是指一定时期内实体经济（非金融企业和住户，下同）从金融体系获得的资金。其中，增量指标是指一定时期内（每月、每季度或每年）获得的资金额，存量指标是指一定时期末（月末、季度末或年末）获得的资金余额。

　　2. 社会融资规模中的本外币贷款是指一定时期内实体经济从金融体系获得的人民币和外币贷款，不包括银行业金融机构拆放给非银行业金融机构的款项。其他融资主要包括小额贷款公司贷款、贷款公司贷款。

　　3. 2015年1月起，委托贷款统计制度进行了调整，将委托贷款划分为现金管理项下的委托贷款和一般委托贷款。社会融资规模中的委托贷款只包括由企事业单位及个人等委托人提供资金，由金融机构（贷款人或受托人）根据委托人确定的贷款对象、用途、金额、期限、利率等向境内实体经济代为发放、监督使用并协助收回的一般委托贷款。

　　4. 当月数据为初步统计数。

　　5. 数据来源于人民银行、发展改革委、中国证监会、中国保监会、中央国债登记结算有限责任公司、银行间市场交易商协会等部门。

货币和债券市场统计表 （单位：亿元）

项 目	2014 年
银行间市场同业拆借交易量	376626
银行间市场回购交易量	2244225
商业汇票承兑	220749
期末商业承兑汇票未到期余额	98782
金融机构贴现	607290
期末金融机构贴现余额	29169
各类债券发行	109815
国债	21747
中央银行票据	0
金融债券	36552
公司信用类债券	51516
期末各类债券余额	353231
国债	107275
中央银行票据	4222
金融债券	125489
公司信用类债券	116214
国际机构债券	31

注：公司信用类债券包括非金融企业债务融资工具、企业债券以及公司债、可转债等。

图 1 　货币市场利率

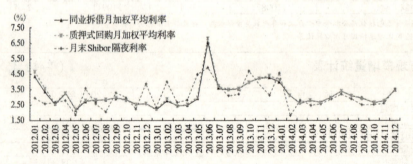

图 2 　中债收益率

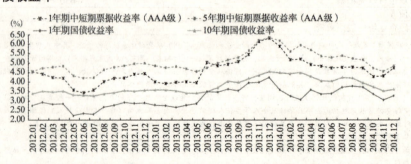